Ilka Sokolowski

Mit **Lupe** und **Fernglas** unterwegs

Erforsche die Natur!

KOSMOS

Vorwort

Die Natur hat viele Geheimnisse. Manche offenbaren sich dir erst auf den zweiten Blick – oder in der Vergrößerung. Wer ganz genau hinsieht, erkennt mehr! Unter der Lupe zeigt sich, was für ein Wunderwerk ein kleiner Käfer oder eine winzige Blüte ist. Das Fernglas holt nicht nur den Horizont ganz nah heran, es enthüllt auch verblüffende Einzelheiten. In diesem Buch lernst du viele Tiere und Pflanzen neu kennen. Eine Lupe oder ein Fernglas links oben zeigt dir, womit du am besten beobachten kannst.

Die einzelnen Kapitel im Buch sind nach Lebensräumen geordnet. Das ist ein bisschen so, als würdest du von drinnen nach draußen gehen: vom Haus in den Garten, von dort auf die Wiese und ins Feld, in den Wald und ans Wasser. Zu jedem vorgestellten Tier und jeder vorgestellten Pflanze findest du nicht nur eine kurze Einführung, sondern auch einen Steckbrief. So hast du die wichtigsten Merkmale auf einen Blick vor dir.

Dazu gibt es zahlreiche Beobachtungstipps, die einfach umzusetzen sind. Gleich daneben kannst du eintragen, was du noch alles gesehen hast. Und weil jede Entdeckungsreise neue Fragen und Ideen mit sich bringt, ist am Ende jedes Kapitels auch Platz für weitere Einfälle, Überlegungen und Notizen.

Damit du gleich mit dem Forschen und Entdecken beginnen kannst, findest du in diesem Buch eine kleine Lupe, einen Notizblock und eine praktische Sammeltasche.

Kann es losgehen? Dann viel Spaß bei deiner Entdeckungsreise in die Wunderwelt der Natur!

Inhalt

Unter die Lupe genommen

Um kleine Dinge klar und deutlich sehen zu können, musst du sie dir recht nahe vor die Augen halten. Allerdings auch nicht zu dicht davor, dann werden sie nämlich unscharf. Ein guter Abstand sind etwa 25 Zentimeter. Ein bisschen kommt das natürlich auch auf deine eigenen Augen an und ob du vielleicht eine Brille trägst. Teste doch mal, was für dich der ideale Abstand ist.

Wenn du die Dinge aber noch genauer betrachten möchtest, brauchst du eine Lupe. Durch die gewölbte Linse aus Glas oder Kunststoff wirkt alles viel größer. Weil sie auf eine besondere Weise geschliffen ist, fängt sie die Lichtstrahlen auf und lenkt sie ab. Man sagt auch, das Licht wird gebrochen. So erscheint uns ein durch die Linse betrachtetes Objekt größer, als es in Wirklichkeit ist.

Probier es aus, indem du dir zum Beispiel ein Streichholz vornimmst. Um es scharf zu sehen, musst du es etwa 25 Zentimeter entfernt vom Auge halten. Wenn du aber eine Lupe zu Hilfe nimmst, ist der Abstand zwischen Lupe und Streichholz viel kleiner. Trotzdem siehst du das Streichholz deutlich vergrößert. Wie stark die Vergrößerung ist, hängt von der jeweiligen Lupe ab. Am Lupenrand ist die Stärke meist eingraviert; „4x" bedeutet zum Beispiel eine vierfache Vergrößerung.

Empfindlich!

Geh immer sorgsam mit einer Lupe um! Achte darauf, dass die Linse keine Kratzer bekommt oder mit Fingerabdrücken verschmiert wird, schließlich willst du ja den Durchblick behalten. Falls sie doch einmal verschmutzt ist, reinigst du sie mit klarem Wasser und einem weichen Tuch.

Vorsicht vor Brandgefahr und Augenschaden!

Und noch etwas ist ganz wichtig: Lass eine Lupe nie in der Sonne liegen! Durch die Linse können die Sonnenstrahlen stark gebündelt werden. Treffen sie dann auf leicht entzündbares Material wie

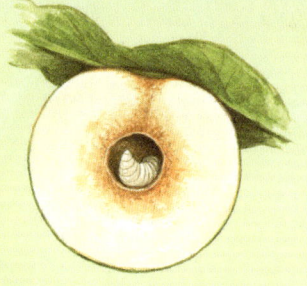

Papier, trockenes Holz oder Gras, kann ein Feuer entstehen. Blick auch nie mit bloßem Auge oder durch die Lupe direkt in die Sonne. Das kann dein Auge nachhaltig schädigen.

Für welche Beobachtungen eignet sich die Lupe?

Steine, Holzstückchen, Federn, Blätter, Blüten – alle möglichen unbelebten Dinge sind ideal, um mit der Lupe untersucht zu werden. Auch kleine und langsame Tiere kannst du gut beobachten, beispielsweise Regenwürmer oder Schnecken. Vielleicht findest du ja mal ein Tier, das nicht mehr lebt, wie zum Beispiel eine Biene oder eine Fliege: Auch nach seinem Tod verrät es dir noch viele seiner Geheimnisse, wenn du es in aller Ruhe betrachtest.

Nicht jedes lebendige Tier wird geduldig unter der Lupe warten, bis du es ausgiebig studiert hast – manche Käfer krabbeln schneller davon, als du gucken kannst. In solchen Fällen hilft eine Becherlupe, in die du das Tier hineinsetzt. Sie besteht aus einem Kunststoffbecher mit Lupendeckel.

Sehr gut funktioniert aber auch ein großes Einmachglas, in das du von oben mit deiner Lupe hineinschaust. Bei Bedarf überspannst du das Glas mit durchlöcherter Klarsichtfolie.

Bitte unbedingt beachten!

Gefangen und eingesperrt zu werden, bedeutet für jedes Tier Stress, das solltest du immer bedenken. Geh also behutsam mit deinen Schützlingen um und setz sie so bald wie möglich wieder in die Freiheit. Seltene und geschützte Tiere und Pflanzen lässt du natürlich von vornherein in Ruhe. Und zum Schluss das Händewaschen nicht vergessen!

Beobachtungen mit dem Fernglas

Wenn du durch ein Fernglas blickst, scheint alles näher heranzurücken: der Berg am Horizont, der Vogel in der Luft, der Baum auf dem Hügel, sogar der Mond am Nachthimmel. Dafür sorgen unterschiedlich geformte Linsen und Prismen, das sind dreieckige Glasscheiben. Das, wodurch du schaust, ist das Okular. Am anderen Ende befindet sich das Objektiv.

Die Leistung eines Fernglases wird durch Vergrößerung und Durchmesser des Objektivs angegeben: „8 x 50" heißt achtfache Vergrößerung bei einem Objektiv von 50 Millimeter Durchmesser. Die meisten Ferngläser kannst du auf deine persönliche Sehstärke einstellen. Das geht durch Drehen am Okular.

Wann nimmt man das Fernglas?

Das Fernglas ermöglicht es dir, scheue Tiere, an die du für gewöhnlich nicht sehr nah herankommst, zu beobachten. Das können auch größere Wildtiere wie Rehe, Füchse oder Wildschweine sein.

Naturbeobachtungen mit dem Fernglas erfordern aber auch eine besonders wichtige Forschereigenschaft: Geduld! Beobachten braucht Zeit. Es kann sein, dass du stundenlang unterwegs bist, ohne dass dir etwas Interessantes begegnet. Manchmal musst du ganz ruhig an einer Stelle warten und still sein, bevor sich ein Tier zeigt. Vielleicht fällt dir auch plötzlich eine Bewegung am Horizont auf – es ist nicht ganz einfach, diese dann mit dem Fernglas einzufangen.

Auch der Blick in den Nachthimmel ist faszinierend! Für Sternbeobachtungen ist zwar ein leistungsstarkes Teleskop notwendig, aber mit einem guten Fernglas kannst du zum Beispiel die gewaltigen Bergmassive auf dem Mond erkennen.

Augen in Gefahr!

Schau mit dem Fernglas nie direkt in die Sonne! Das kann schwere Augenschäden zur Folge haben. Wenn du Vögel am Himmel beobachtest, setz das Fernglas ab, sobald sie vor die Sonne fliegen.

Tipp

Versuch das Fernglas so ruhig wie möglich zu halten. Das ist nicht immer ganz einfach. Es hilft, wenn du dich mit den Armen irgendwo aufstützen kannst, beispielsweise auf einer Mauer, einem Zaun oder auf den Schultern eines Freundes. Selbst das seitliche Anlehnen an einen Baumstamm oder einen Felsen bringt schon etwas Stabilität.

Hast du dein Beobachtungsobjekt aus dem Blickfeld verloren? Setz das Fernglas kurz ab und orientier dich, bevor du es erneut versuchst.

Vermeide hektische Bewegungen. Ein kleiner Schlenker mit dem Fernglas reicht oft schon, um das Objekt aus den Augen zu verlieren. Je ruhiger und sparsamer deine Bewegungen sind, desto besser. Das ist Übungssache. Gib nicht auf, wenn es nicht gleich klappt!

Und noch etwas solltest du beachten: Bei der Beobachtung von Wildtieren spielt  die Windrichtung eine große Rolle. Tiere haben einen sehr feinen Geruchssinn. Damit sie dich nicht vorzeitig wittern und das Weite suchen, solltest du dich immer gegen den Wind nähern. Wenn der Wind dagegen von dir zu den Tieren weht, haben sie dich wahrscheinlich schon entdeckt, bevor du überhaupt zu deinem Fernglas greifen kannst.

Bitte beachten!

Bedräng die Tiere nicht! Im Frühjahr, wenn bei vielen Tierarten der Nachwuchs geboren wird, brauchen sie besonders viel Ruhe. Schutzgebiete darfst du nicht betreten. Achte auf entsprechende Schilder und Absperrungen.

Im Haus

Hast du deine Lupe schon ausprobiert? Das geht nicht nur draußen, sondern auch drinnen im Haus. Fang einfach bei dir selber an: Deine Haut, deine Hände, deine Fingernägel – unter der Lupe zeigen sich ungeahnte Feinheiten.

Was passiert, wenn du ganz nah herangehst oder dich einen Schritt entfernst? Wie dicht musst du die Lupe vor dein Auge halten? Je mehr du ausprobierst, desto sicherer wird dein Gespür für den richtigen Umgang mit der Lupe. Das ist wichtig, wenn du lebende Tiere beobachten willst.

Tiere gibt es auch im Haus zu entdecken! Manche leben im Verborgenen, wie die Kellerassel. Die Stubenfliege lässt sich mitten auf dem Teller nieder, wenn niemand sie verjagt. Falls dir nicht gleich ein Tier im oder am Haus begegnet, gib nicht auf. Denn zum Forschen und Entdecken gehören neben einer Portion Glück auch Aufmerksamkeit und Geduld.

Die Stubenfliege

Mit dem Tupfrüssel saugt die Fliege süße Flüssigkeiten einfach auf. Was nicht flüssig ist, verdünnt sie zunächst mit ihrem Speichel.

Die Stubenfliege zählt zu den häufigsten Gästen im Haus. Sie hält sich gern in der Nähe des Menschen auf. Vor allem dort, wo gegessen wird! Fliegen lieben nämlich Süßes. Das kannst du überprüfen, indem du auf einen Teller jeweils einen winzigen Klecks Senf und Schokocreme gibst. Warte ab, was passiert!

Ob etwas fressbar ist oder nicht, wird von der Fliege erst mal vorsichtig getestet: Sie taucht einen Fuß in die mögliche Nahrungsquelle. Am Ende des behaarten Fliegenbeins sitzen Sinneszellen, mit denen sie Zucker schmecken kann. Erst dann saugt sie ihren Fund mit dem Rüssel auf.

Häufig kannst du die Fliege anschließend dabei beobachten, wie sie ihre Beine paarweise aneinander reibt und auf diese Weise reinigt. Immer wieder putzt sie auch ihre großen Augen, indem sie mit den Beinen darüberfährt.

Trotzdem solltest du immer darauf achten, dass Fliegen nicht über dein Essen laufen. Du weißt nie, ob sie nicht vorher auf Hundekot oder Abfallhaufen gesessen haben.

Tatsache!

Die Stubenfliege

Name: — **Stubenfliege**

Körperlänge: — 8 bis 10 mm

Nahrung: — zuckerhaltige Flüssigkeiten

Merkmale: — grauschwarzer behaarter Körper, große rotbraune Augen, zwei Flügel, sechs Beine

Besonderheit: — Die Fliege kann dank Haftballen an den Füßen kopfüber an der Decke oder an glatten Fensterscheiben laufen.

Von Mist, Kot oder Kompost werden Fliegen magisch angezogen. Dort legen die Weibchen ihre Eier ab. Bis zu 150 Stück können in einem Gelege sein.

Gesehen und notiert:

Beobachtungstipp!

Schau dir die großen Fliegenaugen an: Damit erkennt die Fliege vor allem Bewegungen blitzschnell. Schaffst du es, nahe genug heranzukommen?

Die Assel

Je dunkler und feuchter, desto besser: Asseln suchen sich Lebensräume, wo sie vor Trockenheit und grellem Sonnenlicht geschützt sind. Das können feuchte Kellerecken sein oder Schlupflöcher unter Steinen. Auch unter Falllaub halten sie sich gern auf. Wenn sie aufgestöbert werden, versuchen sie, sich so schnell wie möglich wieder zu verstecken.

Asseln sind keine Käfer, wie man vielleicht denken könnte, sondern kleine Krebstiere, die ursprünglich im Wasser gelebt haben. Sie mögen es nach wie vor feucht. Die Mauerasseln atmen vor allem über Kiemen, die an ihren Hinterbeinen sitzen – und die dürfen nicht austrocknen. Auch Kellerasseln haben diese Kiemen, aber sie nutzen in erster Linie ihre lungenartigen Atmungsorgane.

Von oben betrachtet sehen Asseln aus, als würden sie in einer Rüstung stecken. Ein Panzer aus Chitin schützt ihren Rücken. Unbeweglich sind sie deshalb aber nicht, denn der Panzer ist nicht starr. Er besteht aus mehreren Abschnitten, den Segmenten.

Kopf

Segment

Fühler

Asseln haben sieben Laufbeinpaare. Von unten betrachtet sind sie gut zu erkennen.

Schau genau!

- Versuch, die verschiedenen Segmente des Körperpanzers zu zählen! Wie viele sind es?
- Siehst du die beiden Fühler am Kopf? Sind sie ganz gerade oder abgeknickt?

Tatsache!

Die Assel

Name:	**Assel**
Körperlänge:	bis zu 1,8 cm
Nahrung:	vor allem abgestorbene Pflanzenteile
Merkmale:	dunkler Körperpanzer mit vielen Segmenten
Besonderheit:	Asseln gehören zu den Krebstieren und haben Kiemen an den Hinterbeinen.

Auf der weichen Bauchseite haben die Asselweibchen eine Art Tasche: Darin tragen sie die Eier und den frisch geschlüpften Nachwuchs.

Gesehen und notiert:

Beobachtungstipp!

Was geschieht, wenn du eine Assel vorsichtig berührst?

Die Zitterspinne

Die kleine Zitterspinne baut ihr unregel-
mäßiges Netz an Zimmerdecken oder
unter Fensterstürzen. Dort hängt sie
mit dem Rücken nach unten und wartet
auf Beute. Siehst du, dass der Spinnen-
rücken nicht gleichmäßig grau gefärbt
ist? Es gibt eine dunklere Zeichnung auf
hellerem Grund.

Ihren Namen verdankt die Zitterspinne
einer raffinierten Verteidigungsstrate-
gie: Fühlt sie sich gestört oder bedroht,
versetzt sie ihr Netz in Schwingungen.
Auch ihr Körper schwingt mit. Für Feinde
ist die Spinne dann nur noch unscharf
zu erkennen.

Die Zitterspinne
betreibt Brutpflege:
Sie verschnürt ihre Eier
mit Spinnfäden zu einem
kleinen Paket, das sie mit
sich herumträgt, bis die kleinen
Spinnen schlüpfen.

**Der Weberknecht hat einen ein-
teiligen Körper und lange, leicht
zerbrechliche Beine. Er besitzt
keine Spinndrüsen und kann
keine Netze weben.**

Wichtig zu wissen!

Die Zitterspinne wird oft mit
dem Weberknecht verwechselt,
weil sie wie dieser sehr lange
Beine hat. Sie ist aber leicht an
ihrem zweigeteilten Körper zu
erkennen: kleiner Vorderkörper,
größerer Hinterleib.

Tatsache!

Die Zitterspinne

Name: — **Zitterspinne**
Körperlänge: — rund 10 mm
Nahrung: — kleine Insekten
Merkmale: — lange Beine, zweigeteilter Körper
Besonderheit: — Verfängt sich ein Insekt im Netz, wird es blitzschnell überwältigt: Die Spinne sondert aus den Spinndrüsen an ihrem Hinterleib Spinnfäden ab und wickelt ihre Beute damit ein. Sie lähmt das gefangene Insekt mit einem Giftbiss und spritzt gleichzeitig ein Verdauungssekret hinein. Dann saugt sie ihre Beute aus.

Gesehen und notiert:

Beobachtungstipp!

Wie nah kannst du der Zitterspinne kommen, bevor sie anfängt zu zittern? (Halt dich gut fest, falls du auf eine Leiter steigen musst!)

Die Gartenkresse

Unter der Lupe offenbart sich das Wunder Leben noch früher, als du es mit bloßem Auge entdecken kannst. Unter idealen Bedingungen springt der Samen schon nach ein bis zwei Tagen auf und die Keimwurzel schiebt sich heraus. Du kannst ihr fast beim Wachsen zusehen. Sie bohrt sich in das feuchte Küchenpapier. Noch einen Tag später ist der Keimling deutlich gewachsen, er sieht jetzt schon wie ein grüner Stängel aus.

Hast du schon einmal beobachtet, wie Pflanzensamen keimen und wie aus den Keimen kleine Pflänzchen werden? Kresse ist besonders pflegeleicht, sie keimt sogar auf feuchtem Küchenpapier. Und das Beste: Du kannst sie zum Schluss aufessen, sie schmeckt leicht scharf und ist sehr lecker auf einem Butterbrot.

Die ersten Blättchen bilden sich. Jeden Tag wächst die Kressepflanze weiter. Wenn die Pflanzen etwa drei Zentimeter hoch sind, kannst du sie ernten. Mit einer Schere geht das am besten.

Samenkorn

Keimling

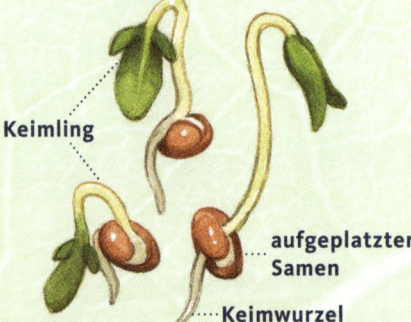

aufgeplatzter Samen

Keimwurzel

Mach mit!

- Leg auf einen Teller feuchtes Küchenpapier und säe den Samen aus. Stell den Teller auf eine helle Fensterbank, halte das Papier mit einer Sprühflasche feucht.
- Beobachte die Samenkörner: Werden sie dicker, bevor sie aufplatzen?

Tatsache!

Die Gartenkresse

Name: — Gartenkresse

Höhe: — bis zu 50 cm, die Pflanze trägt dann kleine weiße Blüten

Merkmale: — Kresse schmeckt scharf und würzig. Das liegt an den Senfölen, die die Pflanze enthält.

Besonderheit: — Kresse ist ein Lichtkeimer, die Samen dürfen nicht mit Erde bedeckt werden. Schneidet man Kresse ab, wächst sie nicht mehr nach. Das liegt daran, dass ihr Wachstumspunkt sehr weit oben, nahe der Blättchen, liegt. Bei Gräsern liegt dieser Punkt dicht über der Erde. Wird das Gras geschnitten, kann es gut wieder nachwachsen.

Gesehen und notiert:

Beobachtungstipp!

Was passiert, wenn du einen Teil des ausgesäten Samens mit Papier abdeckst?

Meine spannendste Beobachtung:

....

....

....

....

Mein Fund-Protokoll:

Notier hier deine Entdeckungen. Wie viele Tiere und Pflanzen aus diesem Kapitel hast du schon gefunden?

- -

- -

- -

- -

- -

- -

- -

- -

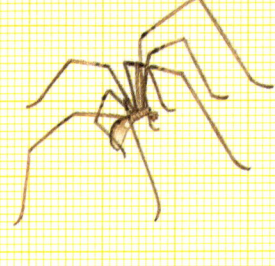

Was mir noch aufgefallen ist:

• Alte Zitterspinnennetze auf dem Dachboden,

voller Staub, von den Spinnen keine Spur ...

• Fraßspuren an den Kartoffeln – ob das Mäuse waren?

Unbedingt noch herausfinden!

• Wie schnell können Asseln laufen?

• Wie lange leben Stubenfliegen?

• Wie sehen die Raupen von Motten aus?

Im Garten

Auf den ersten Blick ist es vielleicht nicht immer gleich zu sehen, aber kleine grüne Ecken sind ein Zuhause für viele Tiere – ob im Garten, im Stadtpark oder auf einem bepflanzten Balkon. Manche Tiere musst du erst einmal suchen: In der Erde, unter Laub oder Steinen, im Gras oder im Gebüsch. Andere wieder hörst du, bevor du sie siehst. Vor allem im Frühjahr und im Frühsommer erfüllen Vogelstimmen die Luft. Es ist gar nicht so einfach, den gefiederten Sängern mit dem Fernglas zu folgen!

Es lohnt sich auch, Gartenfrüchte genauer anzusehen: Himbeeren haben einen ganz feinen Pelz, Erdbeeren winzige grüne Samen. Nimm eine Handvoll Erde unter die Lupe. Wie sieht der Boden aus?

Zu unterschiedlichen Tageszeiten, in den wechselnden Jahreszeiten und bei fast jedem Wetter kannst du im Garten etwas neues Spannendes entdecken.

Der Regenwurm

Regenwürmer sind fleißige Bodenar-
beiter, die teilweise metertief die Erde
umgraben, indem sie sich hindurchfres-
sen. Auch abgestorbene Pflanzenteile
wandern durch die Mundöffnung in den
Regenwurmkörper. Was er wieder aus-
scheidet, ist besonders feine und nähr-
stoffreiche Erde. Solche Häufchen siehst
du manchmal morgens im Gras.

Wenn es kräftig geregnet hat, sind
Regenwürmer am leichtesten zu finden:
Dann retten sie sich an die Erdober-
fläche, weil ihre Gänge unter Wasser
stehen oder weggespült wurden.
Wirklich sicher sind sie hier oben allerdings auch nicht, denn für Vögel, Igel
und andere Tiere sind die wehrlosen
Würmer ein gefundenes Fressen. Regenwürmer vertragen außerdem
kein Sonnenlicht. Sie
sind für ein Leben im
Dunkeln gemacht
und bekommen
leicht einen
tödlichen
Sonnenbrand
oder ver-
trocknen. Aber
nachts wagen
sie sich aus ihren
unterirdischen
Röhren nach draußen.
Sie strecken einen Teil des Körpers heraus
und fressen abgestorbene Pflanzenteil-
chen, die auf dem Boden liegen. Oder sie
ziehen abgefallenes Laub in ihre Röhre
hinein, um es dort in Ruhe zu verspeisen.

Segment

Gürtel

Vorderende

**Die Borsten helfen
dem Wurm bei der
Fortbewegung.**

Tatsache!

Der Regenwurm

Name:	**Regenwurm**
Länge:	8 bis 30 cm
Nahrung:	Erde, Falllaub, kleine Pflanzenteilchen
Merkmale:	rotbrauner Körper mit deutlichen Abschnitten und heller Verdickung am Vorderende; dieser Gürtel dient der Fortpflanzung; verschiedene Arten
Besonderheit:	Der Regenwurm ist ein Zwitter, also Männchen und Weibchen zugleich. Die Tiere befruchten sich gegenseitig und legen ihre Eier in der Erde ab. Regenwürmer haben keine Augen. Mit lichtempfindlichen Sinneszellen in der Haut können sie feststellen, ob es hell oder dunkel ist.

Gesehen und notiert:

Beobachtungstipp!

Setz einen Regenwurm in ein großes Einmachglas mit lockerer Erde und schau zu, wie er sich eingräbt.

Marienkäfer und Blattlaus

Wie würdest du einen Marienkäfer malen? Wahrscheinlich rot mit schwarzen Punkten. Aber es gibt auch schwarze Käfer mit roten oder gelben Punkten und gelbe mit schwarzen Punkten, je nach Marienkäferart. Der rote Siebenpunkt-Marienkäfer hat sieben schwarze Punkte und ist häufig anzutreffen. Ist dir schon einmal ein Zweipunkt-Marienkäfer oder ein 22-Punkt-Marienkäfer begegnet?

Die Hauptnahrung der Marienkäfer sind Blattläuse. Schau dir die winzigen gelblich grünen Läuse mit der Lupe an: Sie sitzen an Pflanzenstängeln und Blattunterseiten, bohren Löcher hinein und saugen den zuckerhaltigen Pflanzensaft heraus. Für die Pflanzen ist das gar nicht gut, denn es entzieht ihnen Nährstoffe. Sie verkümmern und sterben schließlich ab.

Trotzdem spielen die Blattläuse in der Natur eine wichtige Rolle. Sie sind Nahrung für viele Tiere, nicht nur für Marienkäfer. Auch die Larven von Schweb- und Florfliegen, Ohrwürmer, Spinnen und Vögel fressen Blattläuse. Den süßen Kot, den die Läuse ausscheiden, mögen vor allem Ameisen sehr gern.

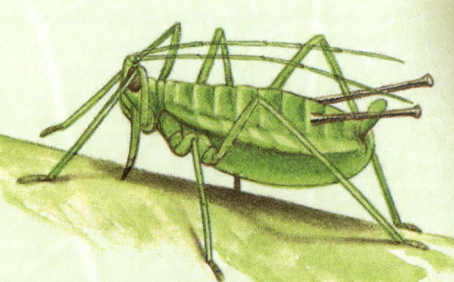

Mithilfe ihres Saugrüssels ernähren sich Blattläuse von Pflanzensaft.

Tatsache!

Der Marienkäfer

Name: — **Marienkäfer**
Körperlänge: — 4 bis 8 mm
Nahrung: — Blattläuse
Merkmale: — unterschiedlich viele Punkte, die Grundfärbung kann rot, schwarz oder gelb sein, je nach Art
Besonderheit: — Bei Gefahr verspritzt der Marienkäfer eine gelbliche, stinkende Flüssigkeit.

Bei Gärtnern sind alle Marienkäfer und ihre blauen Larven sehr beliebt, denn sie fressen massenhaft schädliche Blattläuse. Ein einziger Käfer kann pro Tag rund 250 Stück vertilgen!

Gesehen und notiert:

Beobachtungstipp!

Warte ab, bis ein Marienkäfer losfliegt: Zuerst öffnet er die hartschaligen Deckflügel. Siehst du die weichen Hinterflügel, die darunterliegen? Mit ihnen fliegt der Käfer.

Die Gartenkreuzspinne

Manche Spinnen weben große rad-
förmige Netze. Aus diesem Grund
werden sie auch Radnetzspinnen
genannt. Auch die Kreuzspinne gehört
zu den Radnetzspinnen. Bei uns kommt
vor allem die Gartenkreuzspinne
besonders häufig vor. Ihr Netz kannst
du zwischen den Zweigen von Büschen
oder niedrigen Bäumen finden.

Und wo ist die Spinne? Nicht immer
wartet sie mitten in ihrer sorgfältig ge-
webten Falle darauf, dass sich ein Insekt
darin verfängt. Das ist auch nicht nötig,
denn sie ist über einen Signalfaden mit
dem Netz verbunden. Auch wenn sie sich
ganz am Rand oder im Gebüsch aufhält,
spürt sie jede Bewegung sofort. Sie eilt
herbei und überwältigt ihre Beute mit
einem giftigen Biss. Das
Gift enthält zusätzlich Stoffe,
die die Beute von innen zer-
setzen, sodass die Spinne sie
einfach ausschlürfen kann.

Was passiert, wenn du
vorsichtig ein winziges
Stückchen Watte oder eine
Flaumfeder in das Gewebe
pustest?

Erkennst du die Giftklauen
und die Augen am Kopf der
Spinne? Für den Menschen ist
das Spinnengift ungefährlich.

Schau genau!

- Findest du heraus, woher die
  Kreuzspinne ihren Namen hat?
  Tipp: Achte auf die helle Zeichnung
  am Rücken.
- Versuch zuzuschauen, wie die Spinne
  ihr Netz webt! Manchmal beginnt sie
  damit, wenn du sie eingefangen und
  in einen Busch gesetzt hast.

Tatsache!

Die Gartenkreuzspinne

Name:	**Gartenkreuzspinne**
Körperlänge:	bis zu 2 cm
Nahrung:	kleine Insekten
Merkmale:	kreuzähnliches Zeichen auf dem Rücken; große radförmige Netze
Besonderheit:	Das Netz wird fast täglich erneuert.

Verschwendet wird nichts: Ist das Netz nach einem Beutefang nicht mehr zu reparieren oder einfach schon zu alt, frisst die Spinne es auf, bevor sie ein neues baut. Spinnenseide besteht zu einem großen Teil aus hochwertigem Eiweiß.

Gesehen und notiert:

Beobachtungstipp!

Spinnennetze sind leicht zu entdecken, wenn Morgentau auf den Spinnfäden liegt. Die winzigen Wassertropfen hängen dann wie Perlen auf einer Schnur.

Wer singt da?

Im Frühjahr und Frühsommer erfüllen viele Vogelstimmen die Luft. In naturnahen Gärten mit vielen Büschen und Bäumen lassen sich die gefiederten Sänger gern nieder. Wenn das Nahrungsangebot stimmt – je nach Vogelart sind das Samen und Körner oder Raupen, Würmer und Insekten – dann brüten die Vögel vielleicht sogar und ziehen im Garten ihren Nachwuchs auf.

Die rund 25 Zentimeter große Amsel ist einer unserer häufigsten Singvögel. Das schwarze Amselmännchen sitzt vor allem morgens und abends gern auf Dachfirsten oder Baumwipfeln und singt sein melodisches Lied. Achte mal darauf: Jede Amsel hat ihren eigenen unverwechselbaren Gesang.

Die männliche Amsel hat ein schwarzes Federkleid und einen gelben Schnabel. Das Weibchen ist unscheinbar braun.

Das Rotkehlchen hat auffällig große, dunkle Augen. Es hält sich gern in schattigem Gebüsch auf.

Das kleine Rotkehlchen wird nur knapp 14 Zentimeter groß. Es sucht im Falllaub unter Büschen nach Insekten.

Der 15 Zentimeter große Haussperling, auch Spatz genannt, ist kaum scheu. Sein Gesang ist ein lautes Tschilpen.

Der Haussperling ist oft in Schwärmen anzutreffen; die Vögel nisten auch häufig in enger Nachbarschaft zueinander.

Die gelbe Kohlmeise mit dem schwarzen Kopf und dem schwarzen Bauchstreifen wird etwa 14 Zentimeter groß. Bei ihrer etwas kleineren Verwandten, der Blaumeise, sind Kopfplatte, Flügel und Schwanz blau gefärbt.

Welche heimischen Gartenvögel kennst du? Die Männchen sind meist recht bunt gefärbt. Die Weibchen dagegen tragen ein unauffällig graubraunes Federkleid. So sind sie beim Brüten gut getarnt.

Der typische Gesang der Kohlmeise klingt wie: „Zizidäh! Zizidäh!"

Gesehen und notiert:

Beobachtungstipp!

Beim Brüten und bei der Aufzucht ihrer Jungen dürfen die Vögel nicht gestört werden. Aber mit etwas Glück gelingt es dir vielleicht, mit dem Fernglas das Nest zu entdecken und zu beobachten.

Meine spannendste Beobachtung:

....

....

....

....

Mein Fund-Protokoll:

Notier hier deine Entdeckungen. Wie viele Tiere und Pflanzen aus diesem Kapitel hast du schon gefunden?

Was mir noch aufgefallen ist:

- Amseln nehmen gern ein Sonnenbad, dann sitzen sie mit ausgebreiteten Flügeln und geöffnetem Schnabel regungslos da.

- Die Wasserstelle wird nicht nur zum Durstlöschen genutzt, vor allem Spatzen baden auch gern darin.

Unbedingt noch herausfinden!

- Wo sind Vogelnester im Garten?

- Kann man die Jungvögel nach Futter rufen hören?

- Gibt es bestimmte Fütterungszeiten?

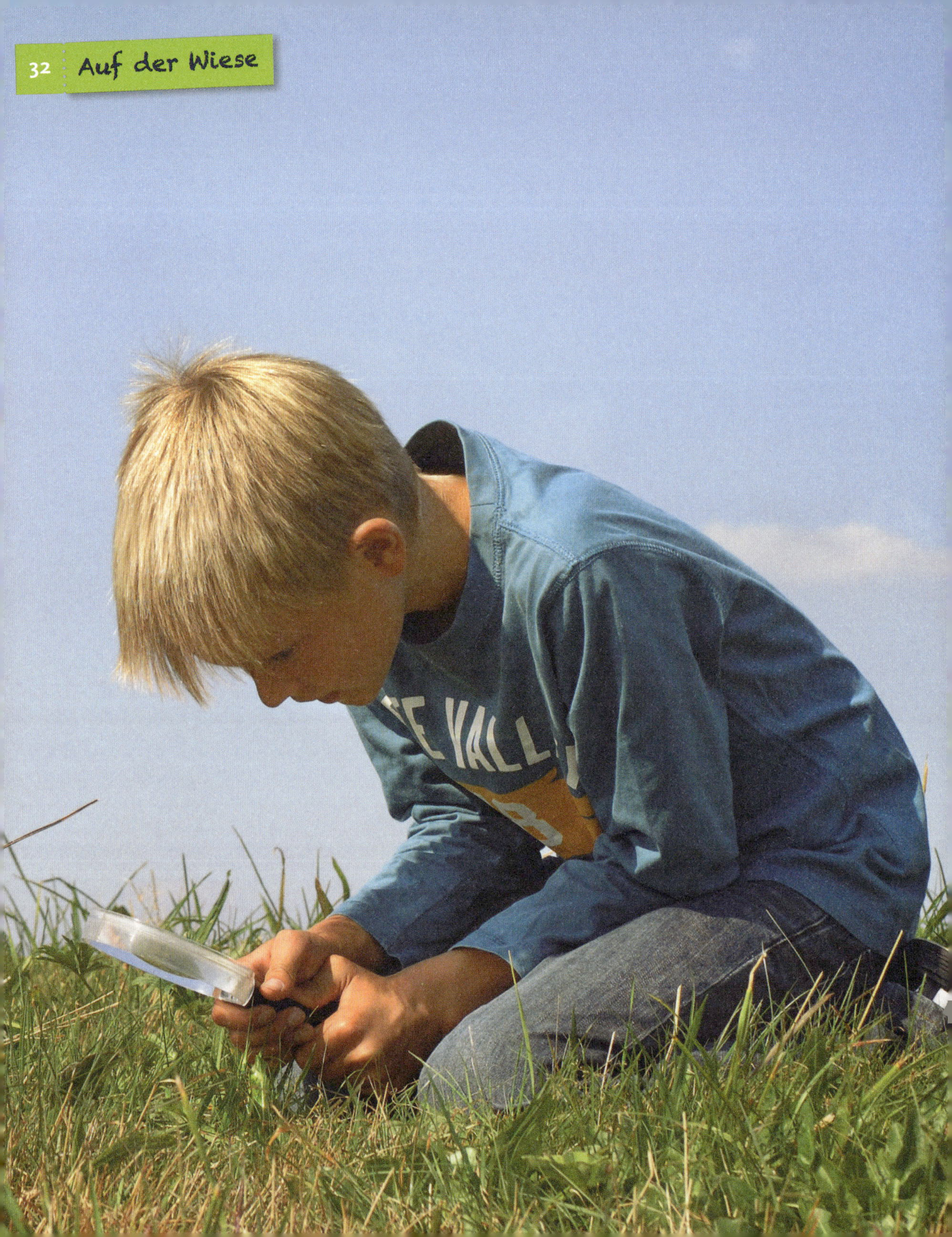

Auf der Wiese

Wiesen können sehr vielfältige Lebensräume sein, je nachdem, ob sie eher feucht oder trocken sind, viel Dünger abbekommen haben oder als Weidefläche dienen. Auf feuchten Wiesen ist der Boden leicht sauer. Hier wachsen Pflanzen wie Hahnenfuß, Beinwell oder das Sumpf-Vergissmeinnicht.

Auf trockenen und nährstoffarmen Böden blühen Kräuter und Wiesenblumen wie Wilder Thymian oder Wiesen-Salbei. Löwenzahn, Weißer und Roter Klee sind auf nährstoffreichen Wiesen besonders häufig und bei Insekten sehr beliebt. Den Hauptbestandteil der Wiesen bilden jedoch Gräser.

Auf einer Wiese spielt sich das Leben dicht über der Erde ab. Am meisten bekommst du davon mit, wenn du dich ganz ruhig hinsetzt und mit der Lupe in der Hand abwartest. Steht das Gras auf einer Wiese schon sehr hoch, wird sie der Bauer bald mähen. Dann halte dich besser am Rand auf, damit du sie nicht niedertrittst.

Löwenzahn und Pusteblume

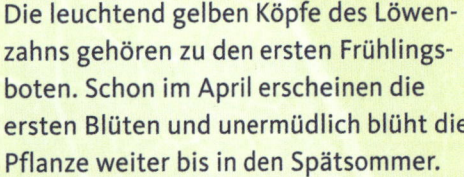

Die leuchtend gelben Köpfe des Löwenzahns gehören zu den ersten Frühlingsboten. Schon im April erscheinen die ersten Blüten und unermüdlich blüht die Pflanze weiter bis in den Spätsommer.

Sie hat viele Namen: Löwenzahn heißt sie wegen der gezackten grünen Blätter, die als Rosette dicht am Boden wachsen. Erinnern die Zacken nicht tatsächlich ein bisschen an Raubtierzähne? Kuhblume wird sie genannt, weil sie oft auf Kuhweiden zu finden ist, und Butterblume, weil mit den gelben Blüten früher die Butter gelb gefärbt wurde.

Das Blütenkörbchen, das von grünen Hüllblättern eingefasst wird, besteht aus vielen kleinen Einzelblüten. Bis zu 200 können es sein. Nach nur wenigen Tagen wird aus der gelben Pracht eine silbrig-weiße Kugel, die Pusteblume. Statt der gelben Blüten stecken dann lauter kleine Fallschirme im Körbchen, genauso viele, wie vorher Einzelblüten da waren. An jedem Schirmchen, Pappus genannt, sitzt jeweils ein Samen. Ein Windstoß genügt und die Schirmchen lösen sich aus dem Körbchen. Probier aus, wie weit du sie pusten kannst!

Die Schirmchen können kilometerweit fliegen und den Löwenzahnsamen so verbreiten.

Wichtig zu wissen!

Löwenzahn enthält viele Bitterstoffe, früher wurde er deswegen auch als Heilpflanze eingesetzt. Die ersten grünen Blätter und zarten Blüten, die sich im Frühjahr zeigen, kannst du Frühlingssalaten beimischen. Achtung: Nie am Straßen- oder Wegrand pflücken, immer gut abwaschen!

Tatsache!

Der Löwenzahn

Name:	**Löwenzahn**
Höhe:	bis zu 50 cm
Verbreitung:	nährstoffreiche Wiesen und Wegränder
Merkmale:	gehört zu den Korbblütlern; nach der Blüte verwandeln sich die gelben Einzelblüten in Schirmchen, an denen die Samen hängen
Besonderheit:	Beim Pflücken tritt aus dem hohlen Stängel weißer Saft aus, der braune Flecken auf Haut und Kleidung hinterlässt.

Gesehen und notiert:

Beobachtungstipp!

Zupf von einer Pusteblume einzelne Fallschirmchen ab, leg sie auf ein Stück Papier und schau dir unter der Lupe Pappus und Samen genauer an.

Die Honigbiene

Schau genau!
- Erkennst du den Saugrüssel?
- Beobachte Bienen beim Nektar-saugen!
- Siehst du die mit Blütenstaub gefüllten Höschen an den Hinterbeinen?

Bienen zählen zu unseren ältesten Haus-tieren: Süßen Honig haben die Men-schen schon vor vielen tausend Jahren gern gegessen. Mit der Zeit lernten sie, Bienenvölker in besonderen Körben oder Kästen zu halten, den Stöcken. Darin bauen die Bienen ihre Waben. Jede Biene hat eine besondere Aufgabe: Die Königin ist dafür zuständig, Eier zu legen. Die männlichen Bienen heißen Drohnen. Der größte Teil eines Bienenvolks besteht aus Arbeiterinnen. Sie bauen die Waben, füttern die Larven, die aus den Eiern schlüpfen, und verteidigen den Stock gegen Eindringlinge.

Die Arbeiterinnen sind es auch, die Nektar sammeln. Im Honigmagen der Biene wird er zu Honig und dann in Waben gefüllt. Um 100 Gramm davon herzustellen, muss eine Biene rund eine Million Blüten anfliegen! Dabei trägt sie Pollen von Blüte zu Blüte und sorgt für die Befruchtung. Auch die gesammelten Pollen werden eingelagert.

Da der Honig als Nahrungsvorrat für den Winter dient, sorgt der Imker für Ersatz, wenn er den Honig entnimmt. Die Bienen bekommen stattdessen Zuckerwasser.

Nicht zu verwechseln: Bienen haben einen rund-lichen, pelzigen Körper. Wespen erkennst du am glatten, eingeschnürten Leib, der „Wespentaille".

Tatsache!

Die Honigbiene

Name: — **Honigbiene**

Körperlänge: — bis zu 1,5 cm

Nahrung: — Nektar und Pollen

Merkmale: — braun-gelb gestreifter Körper mit kurzer, dichter Behaarung und Stachel am Hinterleib

Besonderheit: — Die Honigbiene lebt in Völkern von bis zu 60.000 Bienen.

Im Winter bleiben Honigbienen in ihrem Stock. Sie verlassen ihn erst, wenn die Außentemperatur über zehn Grad steigt. Dann haben bereits einige Frühlingsblumen ihre Blüten geöffnet.

Gesehen und notiert:

Beobachtungstipp!

Wenn du eine tote Biene findest, schau dir den behaarten Körper genau an. Siehst du, wo am Hinterleib der Stachel sitzt?

Der Gemeine Grashüpfer

An warmen Sommerabenden hörst du im Gras am Wegrand manchmal lautes Zirpen. Kommst du dem Geräusch näher, verstummt es vermutlich – und dann springt plötzlich ein Grashüpfer davon!

Dank der langen Hinterbeine kann der Grashüpfer bis zu einen Meter hoch und genauso weit springen.

Grashüpfer gehören zu den Heuschrecken. Es gibt viele verschiedene Arten, so auch die Grille oder das Heupferdchen. Der Gemeine Grashüpfer ist die bei uns häufigste Heuschrecke. Er hat einen grünen Körper mit bräunlichen Flügeln. Das laute Zirpen verursachen vor allem die Männchen.

Es entsteht, indem sie mit den Kanten der Vorderflügel über die Hinterbeine reiben. So versuchen sie, ein Weibchen anzulocken.

Schau dir das Tier unter der Lupe an: den Kopf mit den kräftigen Mundwerkzeugen und den Fühlern, die starken Hinterbeine, die Flügel. Gibt es einen bohrerähnlichen Anhang am Hinterleib? Dann hast du ein Weibchen erwischt. Mit dem Legebohrer bohrt es ein Loch in die Erde und legt seine Eier hinein.

Mach mit!

- Wie nah kommst du an einen Grashüpfer heran, bevor er wegspringt?
- Gelingt es dir, ihm mit dem Fernglas zu folgen?

Tatsache!

Der Gemeine Grashüpfer

Name: — **Gemeiner Grashüpfer**
Körperlänge: — bis zu 2 cm
Nahrung: — zarte Gräser und Blätter
Merkmale: — grün und braun gefärbt, lange Hinterbeine, Fühler kürzer als der Körper
Besonderheit: — Das Gehör des Grashüpfers sitzt nicht am Kopf, sondern am Hinterleib. Die Fühler des Grashüpfers verraten, ob er ein Pflanzen- oder Fleischfresser ist. Bei der Unterscheidung der Heuschrecken gibt es diese Faustregel: Solche mit sehr langen Fühlern fressen überwiegend Insekten. Heuschrecken, deren Fühler kürzer als ihr Körper sind, bevorzugen pflanzliche Nahrung.

Gesehen und notiert:

Beobachtungstipp!

Setz einen Grashüpfer in ein großes, mit frischem Gras ausgelegtes Glas, das du mit Klarsichtfolie überspannst (Luftlöcher nicht vergessen!) und betrachte ihn aus der Nähe. Anschließend lässt du ihn gleich wieder frei.

Von der Raupe zum Schmetterling

Schön sieht es aus, wenn bunte Schmetterlinge über eine Sommerwiese flattern. Der kleine Hauhechel-Bläuling ist auf Kleepflanzen spezialisiert. Er kommt häufig auf Wiesen vor.

Eier

Kleiner Fuchs

Puppe

Raupe

Hauhechel-Bläuling

Die Entwicklung vom Ei zur Raupe, weiter zur Puppe, von der Puppe zum fertigen Insekt heißt Metamorphose.

Auf den violetten Blüten des Sommerflieders kannst du das Tagpfauenauge beobachten. Es ist einer unserer häufigsten Tagfalter und einer der auffälligsten noch dazu: Die großen Augenflecken auf seinen Flügeln schillern wie die Federn eines Pfaus.

Viele Schmetterlinge legen ihre Eier an Brennnesseln ab, darunter das Tagpfauenauge und auch der Kleine Fuchs. Aus den Eiern schlüpfen die Raupen, die sich von den Brennnesselblättern ernähren. Dann spinnen sie sich ein – sie verpuppen sich, wie man sagt. Aus der Puppenhülle schlüpft schließlich der Schmetterling.

Tagpfauenauge

Tatsache!

Das Tagpfauenauge

Name: __ **Tagpfauenauge**

Körperlänge: __ bis zu 3,5 cm und Flügelspannweite etwa 6,5 cm

Nahrung: __ Nektar

Merkmale: __ rötlich braune Färbung, vier bunte Augenflecken. Diese Flecken schrecken Fressfeinde ab; nicht so sehr, weil sie an Augen erinnern, sondern weil es auffällige Muster sind.

Besonderheit: __ Die schwarzen Raupen des Schmetterlings wachsen an Brennnesseln heran. Das Tagpfauenauge überwintert oft auf Dachböden, in Schuppen oder Kellern.

Gesehen und notiert:

Beobachtungstipp!

Wie viele verschiedene Raupenarten findest du? Sieh regelmäßig nach, ob sie sich verpuppen und wie lange die Verpuppung dauert. Mit etwas Glück erlebst du, wie ein Falter schlüpft.

Was blüht da?

Kennst du den Unterschied zwischen mageren und fetten Wiesen? Magerwiesen werden höchstens dreimal im Jahr gemäht und nicht gedüngt. Auf Fettwiesen wird reichlich Dünger eingesetzt, und bis zu sechsmal im Jahr wird gemäht.

Viele Wiesenblumen wachsen dort, wo du sie vielleicht nicht erwartest: auf den mageren, ungedüngten Wiesen.

Der gelbe Hahnenfuß kommt auf eher feuchten Wiesen vor. Die Form seiner Blätter ähnelt dem Fußabdruck eines Hahns. Scharfer Hahnenfuß kann mehr als einen Meter hoch werden, Kriechender Hahnenfuß dagegen nur etwa 40 Zentimeter hoch.

Die blau-violetten Blüten der Wiesen-Glockenblume erinnern tatsächlich an kleine Glöckchen. Die zarte Pflanze erreicht eine Höhe von bis zu einem halben Meter.

Auf trockenen Wiesen und an Wegrändern ist oft die weiße Schafgarbe zu finden. Sie hat doldenförmige Blütenkörbchen und gefiederte Blättchen.

Der Scharfe Hahnenfuß hat stark geteilte Blätter.

Abends und bei Regen neigen sich die Blüten der Wiesen-Glockenblume nach unten. So schützen sie sich vor Feuchtigkeit.

Schafe haben diese Blätter zum Fressen gern! Daher stammt auch der Name. Die Blüten dagegen bleiben meist stehen.

Klee ist auf vielen Wiesen anzutreffen, er wächst auch auf fetten Böden. Es gibt weißen, roten und gelben Klee. Hummeln saugen gern an den kugeligen Blüten. Schau dir die Kleeblätter mit den hellen Flecken genauer an. Vielleicht entdeckst du ein vierblättriges?

Die Schafgarbe ist eine alte Heilpflanze, die bei Verdauungsbeschwerden eingesetzt wurde.

Der Rotklee ist eine wichtige Futterpflanze für Weidetiere, er wird oft gezielt ausgesät.

Gesehen und notiert:

Beobachtungstipp!

Viele Blumen richten ihre Blüten nach der Sonne aus. Schau dir eine blühende Wiese zu verschiedenen Tageszeiten an. Stellst du Unterschiede fest?

Meine spannendste Beobachtung:

....

....

....

....

Mein Fund-Protokoll:

Notier hier deine Entdeckungen. Wie viele Tiere und Pflanzen aus diesem Kapitel
hast du schon gefunden?

Was mir noch aufgefallen ist:

• Bei Regen schließen sich die Löwenzahnblüten.

• Harmlose Schwebfliegen sehen aus wie Mini-Wespen.

Unbedingt noch herausfinden!

• Lässt sich Grassamen auch im Blumentopf aussäen?

• Wo befindet sich der nächste Bienenstock?

• Wie lange dauert es von der Verpuppung bis

zum Schlüpfen eines Schmetterlings?

Im Feld

Feldlandschaften sind keine natürlichen Landschaften, sie wurden von Menschenhand gestaltet. Meist bestehen sie aus großen Ackerflächen, hier und da unterbrochen von Wiesen und Weiden. Solche Ackerflächen können sehr eintönig sein und wie ausgestorben wirken. Und dennoch gibt es hier Leben!

Schnecken kriechen über einen Feldweg, ein Hase springt plötzlich aus einer Ackerfurche auf. Hoch oben am Himmel schwebt ein Greifvogel. Am Wegesrand wachsen Pflanzen wie die blau blühende Wegwarte oder der gelbe Rainfarn. Manchmal blühen mitten im Getreide tiefblaue Kornblumen, klatschroter Mohn und weiße Kamille. Das ist ein gutes Zeichen! Es bedeutet, dass auf diesem Acker wenig oder gar keine Chemie eingesetzt wurde.

Zu einem Spaziergang durch die Felder solltest du unbedingt dein Fernglas mitnehmen. Selten hast du im Freien einen so weiten Blick.

Schnecken mit und ohne Haus

Schnecken, die ihr Haus auf dem Rücken tragen, heißen Gehäuseschnecken. Die größte, die bei uns lebt, ist die Weinbergschnecke. Ihr Haus erreicht eine Höhe von bis zu fünf Zentimetern!

Vorn am Schneckenkopf sitzen gleich vier Fühler, paarweise angeordnet.

An den oberen, längeren Fühlern befinden sich die Augen, zu erkennen als kleiner schwarzer Punkt. Mit dem Fühlerpaar darunter ertastet die Schnecke, was direkt vor ihr liegt. Bei Gefahr zieht sie sich in ihr Haus zurück. Was passiert, wenn du ganz vorsichtig ihre Fühler berührst?

Wie alle Schnecken mag es auch die Weinbergschnecke warm und feucht. Im Feld findest du sie deshalb meist in der Nähe von Wiesen und Entwässerungsgräben, wo sie auch gern ihre Eier an schattigen Stellen ablegt.

Weinbergschnecken

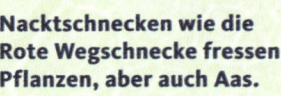

Nacktschnecken wie die Rote Wegschnecke fressen Pflanzen, aber auch Aas.

Schnecken ohne Haus heißen Nacktschnecken. Sehr weit verbreitet ist die Rote Wegschnecke, die aber nicht nur rötlich, sondern auch braun oder schwarz gefärbt sein kann.

Das Häuschen der kleinen Hain-Bänderschnecke wird nur knapp 18 Millimeter hoch.

Tatsache!

Die Weinbergschnecke

Name: — Weinbergschnecke
Größe: — Gehäusehöhe bis zu 5 cm
Nahrung: — Pflanzen, vor allem zarte Blätter und junge Triebe
Merkmale: — Gehäuse bräunlich mit feinen Rillen
Besonderheit: — Die Weinbergschnecke überwintert, indem sie sich eingräbt und ihr Gehäuse mit einem Kalkdeckel verschließt.

Gehäuseschnecken schlüpfen schon mit einem Miniaturhaus aus dem Ei. Jahr für Jahr wächst es mit der Schnecke mit. Die feinen Streifen auf dem Haus sind, wie die Jahresringe von Bäumen, Wachstumsringe.

Gesehen und notiert:

Beobachtungstipp!

Leg einer Schnecke ein kleines Hindernis in den Weg. Was passiert?

Der Feldhase

Ein Hasenleben ist ganz schön hart –
bei Wind und Wetter auf dem freien
Feld, ohne Unterschlupf, und das
sogar im Winter! Anders als Kaninchen graben Feldhasen keinen Bau.
Ihre Jungen bringen sie in
einer Mulde, Sasse genannt,
zur Welt. Bis zu sechs Mal im
Jahr kann eine Häsin zwei
bis fünf Junge bekommen.
Die kleinen Hasen sind
schon nach vier Wochen
selbstständig. Bei
Gefahr ducken sie
sich reglos, und erst
im letzten Moment
rennen sie davon.

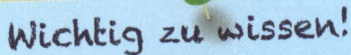

Wichtig zu wissen!

Feldhasen und Kaninchen werden oft
verwechselt. Aber Hasen sind viel
größer als Kaninchen und haben ein
braunes Fell. Kaninchen sind eher
graubraun. Besonders auffällig beim
Hasen: die langen Ohren, der eckige
Kopf und die seitlich sitzenden, leicht
hervorstehenden Augen.

Kaninchen

Feldhase

Mit ihren langen Hinterbeinen können
Hasen große Sprünge machen und Haken
schlagen, wenn sie verfolgt werden. Versuch
mal, diesen plötzlichen Richtungswechseln
mit dem Fernglas zu folgen – gar nicht so
einfach!

Schon im Februar kannst du Hasen dabei
beobachten, wie sie sich zu mehreren jagen
und miteinander kämpfen: Sie stellen sich
auf die Hinterbeine und schlagen sich mit
den Vorderpfoten. Das sind Paarungskämpfe
um die Gunst einer Häsin.

Tatsache!

Der Feldhase

Name:	**Feldhase**
Körperlänge:	bis zu 70 cm
Nahrung:	Gräser, Kräuter, Klee, Wurzeln, junge Pflanzentriebe
Merkmale:	braunes Fell, große Ohren, sehr lange Hinterbeine
Besonderheit:	Der Feldhase ist ein ausdauernder Langstreckenläufer. Für kurze Zeit schafft er sogar ein Tempo von 70 Stundenkilometern.

Manchmal lösen sich gerade bei Kämpfen Haarbüschel aus dem Fell. Wenn du solche Hasenwolle findest, schau sie dir unter der Lupe genauer an.

Gesehen und notiert:

Beobachtungstipp!

Wenn dir Hasen im Feld begegnen, bleib ganz still stehen. Vor allem junge, unerfahrene Hasen kommen manchmal sehr dicht heran, bevor sie Witterung aufnehmen und flüchten.

Wer fliegt da?

Feldlerche

Die Feldlerche ist ein ganz typischer Feld-
vogel. Am Boden ist der knapp 18 Zentimeter kleine Vogel kaum zu erkennen,
sein hell- und dunkelbraun gestreiftes
Gefieder tarnt ihn perfekt. Aber sobald
er auffliegt und beinahe senkrecht in
die Höhe steigt, ist er nicht mehr zu
überhören! Bereits im Flug beginnt
die Lerche zu singen. Mit ihrem lauten
Trillern markiert sie aus der Luft ihr Revier.

Auch andere Vögel kannst du am
Himmel über dem Feld beobachten
und mit etwas Übung sogar an
ihren Umrissen unterscheiden: Der
Mäusebussard wird rund 53 Zentimeter
groß, hat im Segelflug breite Flügel,
einen kurzen Hals und einen breit
gefächerten Schwanz. Seine Rufe klingen
ein bisschen wie das Miauen einer Katze.

Mäusebussard

**Die Feder-
ästchen sind
verzahnt.**

Mach mit!

- Halt Ausschau nach Federn
  und versuch zu bestimmen, von
  welchen Vögeln sie stammen.
- Schau dir den Aufbau einer
  Schwungfeder unter der Lupe an.

Die Saatkrähe ist ebenfalls häufig auf den Feldern anzutreffen. Sie wird etwa 46 Zentimeter groß. Abends kannst du beobachten, wie sich die Krähen zu großen Schwärmen zusammenfinden. Gemeinsam suchen sie dann ihre Schlafbäume auf.

Saatkrähe

Rotmilan

Der Rotmilan erreicht eine Größe von mehr als 60 Zentimetern und hat im Flug einen gegabelten Schwanz.

Gesehen und notiert:

Beobachtungstipp!

Saatkrähen und Rabenkrähen sehen sich sehr ähnlich. Aber die Saatkrähe ruft „kroah", während die sehr ähnliche Rabenkrähe „krah-krah-krah" ruft. Entdeckst du weitere Unterschiede?

Meine spannendste Beobachtung:

Mein Fund-Protokoll:

Notier hier deine Entdeckungen. Wie viele Tiere und Pflanzen aus diesem Kapitel hast du schon gefunden?

55

Was mir noch aufgefallen ist:

- In Hecken am Feldrand suchen Feldsperlinge

  und andere kleine Vögel Schutz.

- Der Mäusebussard zieht oft große Kreise am Himmel.

Unbedingt noch herausfinden!

- Wo baut die Feldlerche ihr Nest?

- Jagt der Mäusebussard wirklich Mäuse?

Im Wald

Im Wald herrscht eine besondere Atmosphäre. Die Luft ist sauberer als in der Stadt und angenehm feucht. Das Licht, das durch das grüne Blätterdach fällt, wirkt auf viele Menschen beruhigend. Der Alltagslärm bleibt zurück und in der Stille werden die Geräusche der Natur hörbar.

Manche Waldbewohner verlassen den Schutz ihrer Umgebung und wagen sich über den Waldrand hinaus. Rehe und Wildschweine ziehen auf der Suche nach Futter bis in die Felder. Vor allem in der Morgen- und Abenddämmerung kannst du sie mit dem Fernglas beim Äsen, also Fressen, beobachten.

Kleinere Waldtiere wie die Rote Waldameise oder den Mistkäfer schaust du dir am besten durch die Lupe an. Auch Moose und Flechten entpuppen sich in der Vergrößerung als kleine Wunder.

Der Wurmfarn

Wie alle Farne mag auch der Wurmfarn einen halbschattigen und nicht zu trockenen Standort. Er ist einer der häufigsten Farne in unseren Wäldern. Wo im Winter nichts als verdorrtes braunes Farnkraut zu sehen war, kannst du im Frühjahr eine Überraschung erleben: Wedel für Wedel schieben sich die neuen Farnblätter in die Höhe. Bevor sie sich zu ihrer vollen Größe entfalten, sind sie am oberen Ende eingerollt. Ihr Aussehen erinnert dann an einen Krummstab.

In den Sporangien reifen die Sporen heran. Über Sporen vermehren sich Pflanzen, die keine Blüten bilden.

Ausgewachsene Wedel des Wurmfarns können über einen Meter lang werden. Größer wird nur noch der Adlerfarn, der es auf stattliche zwei Meter bringt!

Hast du schon einmal die Unterseite eines Farnwedels betrachtet? Dort sitzen kleine braune Erhebungen, Sporangien genannt. Sie sind eine Art Behälter für die Sporen, über die die Farne sich vermehren. Wenn die Sporen reif sind, platzen die Sporangien auf und geben ihren Inhalt frei.

Rekord!

Farne gehören zu den ältesten Pflanzen auf der Erde. Sie wuchsen schon im Zeitalter des Karbon, also vor mehr als 300 Millionen Jahren. Damals wurden sie allerdings viel größer als heute – so groß wie Bäume!

Tatsache!

Der Wurmfarn

Name: — **Wurmfarn**

Höhe: — bis zu einen Meter

Standort: — halbschattig, feuchte Erde; verbreitet in Misch- und Nadelwäldern

Merkmale: — lange dunkelgrüne Wedel mit Sporangien; Wedel sind rosettenartig angeordnet

Besonderheit: — Noch nicht entfaltete Wedel erinnern in ihrer Form an einen Krummstab. Der ist schon seit den alten Ägyptern immer wieder ein Symbol der Herrscher.

Gesehen und notiert:

Beobachtungstipp!

Untersuch die Sporangien eines Farns unter der Lupe. Drück einen dieser Sporenbehälter auf. Was siehst du?

Moose und Flechten

Im Wald gibt es nicht nur große Bäume, sondern auch winzig kleine: Dichte Moospolster sehen aus der Nähe betrachtet aus wie Wälder im Miniaturformat. Sie haben einzelne Stämmchen und Blätter, unter der Lupe kannst du das gut erkennen.

Eines unserer häufigsten heimischen Moose ist das Wald-Frauenhaar, das üppige dunkelgrüne Polster bildet. Während die meisten Moose einen feuchten Standort brauchen, wächst das Wald-Frauenhaar auch in eher trockenen Wäldern. Es siedelt sich auf Baumstümpfen und zwischen Wurzeln und Steinen an. Wenn du mit der Hand darüber streichst, kannst du spüren, wie weich und biegsam die Pflanze sich anfühlt.

Wald-Frauenhaar

Vielleicht entdeckst du auch einen seltsamen flachen Bewuchs auf der Rinde von Bäumen oder auf Steinen. Das sind Flechten, eigentümliche Doppelwesen, die aus einem Pilz und einer Alge bestehen. Auffällig gelborange leuchtet die Wandflechte, die sich vor allem auf Steinen ansiedelt, aber auch auf Holz anzutreffen ist.

Wichtig zu wissen!

Moose können Feuchtigkeit speichern, dadurch beeinflussen sie den Wasserhaushalt in ihrer Umgebung. Besonders viel Wasser nehmen die Torfmoose auf, aus denen die Hochmoore entstehen: Das Torfmoos wächst allmählich nach oben, während der untere Teil abstirbt und zu Torf wird.

Die Wandflechte ist eine der auffälligsten Flechten. Sie kommt nicht nur auf Holz, sondern auch an Mauern und Steinen vor.

Tatsache!

Das Wald-Frauenhaar

Name: — Wald-Frauenhaar

Höhe: — einschließlich der gestielten Sporenkapsel bis zu 15 cm

Standort: — schattiger Waldboden, an Baumstümpfen, zwischen Wurzeln und Felsen

Merkmale: — dichte dunkelgrüne Polster

Besonderheit: — Das Wald-Frauenhaar wächst auch in
eher trockenen Wäldern.
Ähnlich wie Farne vermehren sich
Moose wie das Wald-Frauenhaar über
Sporen. Aus dem Polster wachsen
Stängel empor, an deren Ende jeweils
eine Sporenkapsel sitzt. Wenn die
Sporen darin herangereift sind, platzt
die Kapsel auf.

Gesehen und notiert:

Beobachtungstipp!

Flechten und Moose wachsen an
Baumstämmen oder Felsen oft
an einer bestimmten Seite. Von
dort kommen Wind und Regen
am häufigsten. Schau dich um:
Erkennst du diese Wetterseite?

Wer krabbelt da?

Mitten auf Waldwegen kannst du oft
bis zu zweieinhalb Zentimeter lange
blauschwarze Käfer antreffen,
vor allem, wenn Dunghaufen
wie Pferdemist auf dem Weg
liegen: Es sind Mistkäfer, die
sich hauptsächlich von Tierkot
ernähren, aber auch von verrot-
tenden Pflanzen und Pilzen.

**Der Mistkäfer legt seine
Eier unter der Erde ab.
Kleine Portionen Dung
dienen als Nahrungsvorrat.**

Mist enthält noch viele Nährstoffe,
die der Käfer für die Aufzucht seiner
Nachkommen nutzt. Zuerst gräbt er
einen langen Gang in die Erde, von dem
weitere Gänge abzweigen. Am Ende
jeder Abzweigung befindet sich eine
Brutkammer, in die das Weibchen jeweils
ein Ei legt. Damit die Larve, die später

aus dem Ei schlüpft, etwas zu fressen
hat, bringt der Mistkäfer Dung in kleinen
Portionsballen in die Kammer. Die Larve
braucht ein Jahr für ihre Entwicklung,
dann verpuppt sie sich. Sie überwintert
unter der Erde. Erst im Frühsommer
schlüpfen die neuen kleinen Mistkäfer.

Mistkäfer

Wo viele Fichten wachsen, sind häufig Borkenkäfer wie der nur knapp einen halben Zentimeter lange Buchdrucker zu finden. Er frisst sich unter der Rinde durch den weichen Bast, in dem die Nährstoffe transportiert werden. Befallene Bäume können dann absterben. Halt nach abgestorbenen Fichten Ausschau. Siehst du Spuren des Buchdruckers?

Es gibt verschiedene Borkenkäferarten. Der Buchdrucker ist auf Fichten spezialisiert.

Unter der Rinde frisst sich der Borkenkäfer durch den Bast. So entsteht ein regelrechtes Gangsystem.

Gesehen und notiert:

Beobachtungstipp!

Folg einem Mistkäfer, der gerade einen Dungballen transportiert. Vielleicht findest du den Eingang zu seiner Brutkammer.

Eichengallwespe und Gallen

Hat du schon einmal kleine kugelige Auswüchse auf Eichenblättern bemerkt? Vor allem im Sommer und Herbst kannst du sie sehen. Es sind sogenannte Gallen, in denen die Larven der Eichengallwespe heranwachsen. Im späten Frühjahr, wenn der Baum schon Laub hat, sticht die Wespe ein Loch in ein Blatt, meist auf der Unterseite. Da hinein legt sie ein Ei. Das Blatt wächst um dieses Ei herum weiter, so entsteht die typische runde Galle.

Im Inneren kann sich nun in aller Ruhe die Larve entwickeln. Sie ernährt sich von besonderen Pflanzenstoffen, die die Galle bildet. Gleichzeitig sondert die Larve Stoffe ab, die die Galle zum Wachstum anregen.

Im Herbst ist die Eichengallwespe voll entwickelt. Sie bohrt ein kleines Loch in ihre Galle und schlüpft hinaus.

Übrigens dienen nicht nur Eichen als Wirte. Es gibt verschiedene Gallwespen und Gallmücken. Manche haben sich auf Buchen, andere auf Ahornbäume oder auch auf Rosen spezialisiert.

Im Inneren des Gallapfels wächst die Larve der Gallwespe heran.

Schau genau!

- Wie viele verschiedene Gallen findest du im Wald?
- Öffne eine Galle vorsichtig: Kannst du die Larve darin entdecken?

Tatsache!

Die Eichengallwespe

Name: — Eichengallwespe

Körperlänge: — 3 bis 4 mm

Nahrung: — Larven fressen Gallengewebe, ausgewachsene Gallwespen nehmen nur etwas Wasser zu sich.

Merkmale: — schwarzer Körper, über den Hinterleib hinausreichende Flügel

Besonderheit: — Aus den Gallen der Eichengallwespe wurde früher schwarze Tinte hergestellt, die Gallustinte.
Je nach Insekt und Pflanze sehen auch die Gallen unterschiedlich aus. Buchengallen erinnern zum Beispiel an kleine Bergspitzen. Ahorngallen wirken wie dünne Würstchen.

Gesehen und notiert:

Beobachtungstipp!

Halt im Herbst Ausschau nach leeren Gallen. Siehst du das winzige Loch, durch das die Gallwespe geschlüpft ist?

Die Rote Waldameise

Der Ameisenhaufen der Roten Ameise besteht aus Nadeln, kleinen Zweigen und Rindenstückchen. So ein Ameisenhaufen kann bis zu einen Meter hoch werden.

Dabei ist der Haufen nur der sichtbare Teil des Baus, der sich noch bis zu zwei Meter tief in die Erde erstrecken und mehrere hunderttausend Ameisen beherbergen kann. Man spricht auch von einem Ameisenstaat, in dem jedes Tier bestimmte Aufgaben hat.

Im Inneren des Baus befindet sich das Nest der Königin. Ihre Aufgabe ist es, Eier zu legen. Um die Brutpflege kümmern sich Scharen von Arbeiterameisen. Sie bringen Futter herbei, füttern die Larven und tragen sie im Bau umher – immer dorthin, wo gerade die ideale Temperatur herrscht.

Die Eingänge des Baus werden von Wächterameisen bewacht. Zur Verteidigung können alle Ameisen aus ihrem Hinterleib eine brennende Säure verspritzen. Außerdem besitzen sie scharfe Mundwerkzeuge.

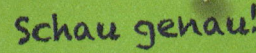

Schau genau!

- Siehst du, wie eine Ameise mit ihren Fühlern ständig ihre Umgebung untersucht?
- Halt im Sommer Ausschau nach geflügelten Ameisen: Es sind Männchen und Weibchen auf ihrem Hochzeitsflug. Die Männchen sterben nach der Paarung, die Weibchen werden neue Königinnen.

Mit ihren kräftigen Mundwerkzeugen kann eine Ameise Holzstückchen zerlegen und Feinde überwältigen, die größer sind als sie selbst.

Tatsache!

Die Rote Waldameise

Königin

Arbeiterin

Name:	**Rote Waldameise**
Körperlänge:	bis zu 11 mm
Nahrung:	Insekten, Raupen, Ausscheidungen von Blattläusen (Honigtau genannt)
Merkmale:	rotbrauner Rücken, Kopf und Hinterleib schwarz
Besonderheit:	Die Rote Waldameise lebt in einer großen Gemeinschaft, dem Ameisenstaat.

Achtung: Ameisenhaufen dürfen nicht zerstört werden, häufig sind sie zum Schutz sogar umzäunt.

Gesehen und notiert:

Beobachtungstipp!

Auf den Ameisenstraßen, die zum Bau und davon weg führen, herrscht reger Verkehr. Beobachte, was die Arbeiterinnen so alles in ihren Bau schleppen!

Brennnessel und Taubnessel

Die Brennnessel ist eine wehrhafte Pflanze: Um von Tieren möglichst nicht gefressen zu werden, schützt sie sich mit Brennhaaren. Deren Wirkung hast du sicher auch schon einmal zu spüren bekommen! Auf der Haut zeigen sich dann rötliche Quaddeln und es brennt wirklich gemein.

Die Brennhaare sitzen an den länglichen eiförmigen Blättern und auch am Stängel der Nessel. An der Spitze eines Brennhaares befindet sich eine kugelförmige kleine Verdickung, die schon bei leichter Berührung abbricht. Der Rest des Brennhaares funktioniert dann wie die Kanüle einer Spritze. Er dringt in die Haut ein und gibt eine brennende Säure ab. Erkennst du unter der Lupe den kugeligen Kopf des Brennhaares und die Stelle, wo es abbricht?

Brennnessel

Von Juni bis Oktober blüht die Brennnessel mit winzigen weiß-gelben Blüten in langen Rispen.

Übrigens: Nicht alle Nesseln brennen! Taubnesseln besitzen keine Brennhaare. Sie blühen weiß, gelb oder rosa. Zupf ein paar Blüten aus und leck an der Blütenröhre. Schmeckt süß, oder?

Stößt du an das Brennhaar, bricht die Spitze ab und der brennende Saft läuft heraus.

Die Weiße Taubnessel ist hübsch und harmlos.

Tatsache!

Die Große Brennnessel

Name: — Große Brennnessel

Höhe: — bis zu 150 cm

Standort: — nährstoffreicher, nicht zu trockener Boden (Wald, Wiese, Wegränder)

Merkmale: — kantige Stängel, eiförmige Blätter; die unscheinbaren gelbgrünen Blüten bilden lange Rispen

Besonderheit: — Brennnesseln kann man essen! Die jungen Blätter lassen sich wie Spinat verarbeiten.

Streich von unten nach oben an einer Brennnessel entlang: In dieser Richtung brechen die Spitzen der Brennhaare selten ab.

Gesehen und notiert:

Beobachtungstipp!

Betrachte die Blattränder und auch den kantigen Stängel einer Brennnessel: Wo sind die Brennhaare am größten?

Das Reh

Rehkitz

Am Waldrand oder auf einer Lichtung finden sich von Zeit zu Zeit Wildtiere ein, die sich sonst tief im Wald verbergen. Vor allem in den frühen Morgen- und Abendstunden suchen die scheuen Rehe ihre Futterplätze auf. Das kann eine Wiese im Wald sein oder ein Feld, das bis an den Wald heranreicht. Mit ein wenig Glück und Geduld gelingt es dir vielleicht, Rehe beim Äsen, also beim Fressen, zu beobachten. Sei leise und vorsichtig! Die Tiere können zwar nicht gut sehen, aber umso besser riechen und hören.

Zur Paarungszeit im Herbst, der Brunft, paart sich der Rehbock mit möglichst vielen Ricken in seinem Revier. Ricken werden die weiblichen Rehe genannt. Im Frühsommer kommen die weiß getupften Kitze zur Welt. Mit den hellen Flecken sind sie im Gras gut getarnt. Das ist besonders in der ersten Lebenswoche wichtig, wenn das Kitz seiner Mutter noch nicht folgen kann. Dann bleibt es in seinem Grasversteck zurück. Die Ricke ist aber in der Nähe und kommt einmal am Tag zum Säugen. Etwa nach drei Monaten verschwinden die weißen Flecken und das kleine Reh lebt dann mit im Rudel.

Reh mit Winterfell

Wichtig zu wissen!

- Rehe haben einen weißen Fleck am Hinterteil, Spiegel genannt. Siehst du ihn?
- Beobachte Rehe im Sommer und im Winter: Fällt dir der Unterschied in der Fellfarbe auf? Im Sommer ist sie rotbraun, im Winter eher graubraun.

Tatsache!

Das Reh

Name:	**Reh**
Körperlänge:	bis 120 cm
Nahrung:	Kräuter, Gräser, Eicheln, Bucheckern
Merkmale:	Rehbock mit Gehörn (4 bis 6 Enden), Kitze bis zum dritten Monat mit weißen Fellflecken; heller Fellfleck (Spiegel) am Hinterteil
Besonderheit:	Rehe sind Wiederkäuer.

Trittsiegel

Findet man ein Rehkitz, dann gilt: Hände weg! Denn wird es vom Menschen angefasst, nimmt es einen für die Mutter fremden Geruch an. Sie wird es nicht mehr erkennen und auch nicht mehr versorgen.

Gesehen und notiert:

Beobachtungstipp!

Nur die Rehböcke tragen ein Gehörn. Wenn du einen Bock entdeckst, versuch, die Gehörnenden zu zählen.

Der Rotfuchs

Nicht nur am Waldrand kannst du dem Fuchs begegnen, denn er wagt sich auch bis in menschliche Siedlungen vor und ist sogar in Großstädten anzutreffen. Seine sprichwörtliche Intelligenz und Anpassungsfähigkeit helfen ihm, fast überall zu überleben. Dazu gehört, dass er nicht wählerisch bei seiner Nahrung ist. Seine Hauptbeute sind zwar Feldmäuse, aber er verschmäht auch Regenwürmer oder Aas nicht. In der Stadt durchwühlt er Abfälle und Komposthaufen nach Fressbarem.

Füchse sind vorwiegend in der Dämmerung und nachts aktiv. Aber auch tagsüber sind sie unterwegs, vor allem, wenn sie Junge haben. Dann müssen sie eine Menge Futter für die hungrigen Kleinen heranschaffen.

Die Füchsin, Fähe genannt, bringt ihre Jungen in einem Erdbau zur Welt. Häufig liegt der Eingang zum Bau zwischen den Wurzeln großer Bäume. Vier bis sechs Fuchswelpen sind meist in einem Wurf. Sie werden gut vier Wochen lang gesäugt. Sind sie ein bisschen älter, kann man sie in der Nähe des Baus beobachten, wie sie miteinander toben und ihre Kräfte messen. Bei diesen Spielen lernen sie wichtige Verhaltensweisen für ihr späteres Fuchsleben.

Auf der Jagd nach Mäusen setzt der Fuchs zum typischen Beutesprung an: Das ist der Mäuselsprung.

Schau genau!

In aufgeweichter Erde oder im Schnee kannst du gut Spuren lesen. Erkennst du eine Fuchsfährte? Ein trabender Fuchs setzt die Pfoten in gerader Linie wie an einer Schnur. Deshalb heißt es auch, er „schnürt".

Tatsache!

Der Rotfuchs

Name: 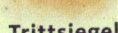 **Rotfuchs**

Körperlänge: — bis 80 cm, Schwanzlänge etwa 40 cm

Nahrung: — Mäuse, Vögel, kleine Kaninchen, Würmer, Obst, Aas

Merkmale: — rötliches Fell, der buschige Schwanz ist halb so lang wie der Körper

Besonderheit: — Der Rotfuchs kommt in den unterschiedlichsten Lebensräumen zurecht, sogar in der Stadt, am Meer oder im Gebirge.

Trittsiegel

Gesehen und notiert:

Beobachtungstipp!

Schau dir den Eingang zu einer Erdhöhle genau an: Liegen Federn oder kleine Knöchelchen herum, wohnt dort wahrscheinlich eine Fuchsfamilie.

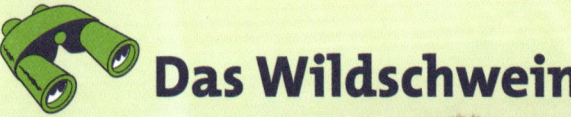

Das Wildschwein

Mach mit!

- Halt Ausschau nach Wildschwein-spuren. Erkennst du die Abdrücke der hinteren Zehen?
- Such am Rand einer Suhle oder bei einem Scheuerbaum nach Borsten. Sieh sie dir unter der Lupe an.
- Hast du eine Rotte entdeckt? Kannst du zählen, aus wie vielen Tieren sie besteht?

Wildschweine leben in kleinen Gruppen zusammen, den Rotten. Angeführt wird eine Rotte von einer erfahrenen Wildsau, der Leitbache. Sie weiß, wo gute Futter-stellen und Suhlen liegen, und sie gibt bei Gefahr das Zeichen zur Flucht.

Die männlichen Wildschweine heißen Keiler, die neugeborenen Jungen sind Frischlinge. Du kannst sie an ihrer typischen Färbung erkennen: Das braune Fell zieren helle Längsstreifen.

Um eine Bache mit Frischlingen solltest du immer einen weiten Bogen machen! Um ihre Jungen zu schützen, greift sie jeden an, der ihnen zu nahe kommt.

Wenn du rund um eine feuchte, schlammige Senke auf viele Abdrücke von Wildschweinfüßen triffst, hast du vermutlich eine Suhle entdeckt. Wildschweine wälzen sich gern im Schlamm. So pflegen sie ihre Haut und befreien sich von lästigen Parasiten.

Frischlinge verlieren ihre Fellstreifen nach etwa drei bis vier Monaten.

Am Ende der Nase sitzt die bewegliche Rüsselscheibe, mit der das Wildschwein nach Nahrung stöbert.

Tatsache!

Das Wildschwein

Name:	**Wildschwein**
Körperlänge:	120 bis 170 cm
Nahrung:	Wurzeln, Würmer, Obst, Gemüse, Gras, Aas
Merkmale:	Kräftiges braunschwarzes Fell, Pinselschwanz, starke Eckzähne, beim Keiler besonders ausgeprägt, Frischlinge hell gestreift
Besonderheit:	Wildschweine können schlecht sehen, aber sehr gut riechen. Findest du in der Nähe einer Suhle einen Baum mit Erdspuren, dann haben sich hier die Tiere den trockenen Schlamm mitsamt den Parasiten aus dem Fell gescheuert.

Trittsiegel

Gesehen und notiert:

Beobachtungstipp!

In feuchten Senken im Wald oder auf Wiesen am Waldrand finden sich häufig Spuren von Wildschweinen. Wo der Boden großflächig aufgewühlt ist, haben die Tiere nach Wurzeln und Würmern gesucht.

Meine spannendste Beobachtung:

....

....

....

....

Mein Fund-Protokoll:

Notier hier deine Entdeckungen. Wie viele Tiere und Pflanzen aus diesem Kapitel
hast du schon gefunden?

Was mir noch aufgefallen ist:

• Eichelhäher scheinen die Wächter im Wald zu sein.

Sobald sie einen Eindringling entdecken, warnen sie

laut – das klingt wie „rätsch-rätsch".

Unbedingt noch herausfinden!

• Was sind das für Baumpilze, die vor allem

an Rotbuchen wachsen?

Am Wasser

Ob kleiner Gartenteich oder großer See, ob leise plätschernder Bach oder breit strömender Fluss: Am Wasser gibt es immer etwas zu beobachten. Fische wie die Bachforelle oder der Gründling fühlen sich in klaren Bächen wohl. Auch die Larven der Köcherfliege kannst du hier entdecken. Auf stehenden Gewässern ohne Strömung finden sich Schwäne, Stockenten und viele andere Wasservögel ein.

Die Uferzone ist ebenfalls ein wichtiger Lebensraum. Im Schutz von Schilf und anderen Uferpflanzen verstecken sich Wasserfrösche, Haubentaucher bauen hier ihr Nest. An den Stängeln von Wasserpflanzen legen bunte Libellen ihre Eier ab.

Bestimmte Bereiche des Ufers können geschützte Zonen sein. Achte auf entsprechende Schilder und halt dich daran! Wenn du nicht direkt an ein Gewässer herankommen kannst, benutz am besten dein Fernglas.

Der Wasserfrosch

Der Wasserfrosch sitzt gern am Ufer und sonnt sich. Du kannst ihn leicht an seiner typischen Färbung erkennen: Seine Haut ist grasgrün mit dunklen Flecken. Die Weibchen haben außerdem eine grau gefleckte Bauchseite. Vielleicht hörst du die Frösche auch, bevor du sie siehst – sie können ziemlich laut quaken!

Der Wasserfrosch hält sich an und in stehenden Gewässern auf. Er überwintert meist im Schlamm auf dem Grund. Nach der Paarung im Frühjahr legen die Weibchen im Wasser ihre Eier ab, den Laich. Die Eier treiben oft in dichten Ballen an der Oberfläche. Viele werden von Fischen gefressen. Aus den Eiern, die übrig bleiben, schlüpfen die dunklen Kaulquappen. In weiteren Entwicklungsschritten werden aus den Kaulquappen schließlich kleine Frösche. Diese Entwicklung verläuft bei allen Froscharten gleich, man nennt sie Metamorphose.

Laich

Kaulquappe

ausgewachsener Frosch

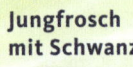

Jungfrosch mit Schwanz

Tatsache!

Der Wasserfrosch

Name: Wasserfrosch
Körperlänge: 9 bis 12 cm
Nahrung: Insekten, manchmal auch Würmer
Merkmale: gelbgrüne Haut mit dunklen Flecken
Besonderheit: Der Wasserfrosch hat zwei Schallblasen hinter den Mundwinkeln. Sie sind nur zu sehen, wenn er quakt.

Bei der Verwandlung von der Kaulquappe zum Frosch werden die Hinterbeine zuerst ausgebildet, dann die Vorderbeine und Lungen. Schließlich schrumpft der Schwanz und verschwindet. Mit etwas Ausdauer kann man das über einige Wochen beobachten.

Gesehen und notiert:

Beobachtungstipp!

Frösche springen meist sofort ins Wasser, wenn sie sich gestört fühlen, deshalb musst du dich leise und vorsichtig nähern. Halt auf jeden Fall dein Fernglas bereit!

Große Pechlibelle und Wasserläufer

männliche Pechlibelle

Wo es sauberes Wasser und Wasserpflanzen gibt, finden sich oft auch Libellen ein. Es macht Spaß, die geschickten
Flieger bei ihren Flugmanövern über
der Wasseroberfläche zu beobachten!
Pfeilschnell schießen sie hin und her,
verharren scheinbar reglos in der Luft
und jagen unvermittelt wieder davon.
Im Flug fangen sie ihre Nahrung, kleine
Insekten.

Eine der schönsten und bei uns häufigsten Libellen ist die Große Pechlibelle,
deren Vorderkörper und Hinterleibende
leuchtend blau schillern.

Mach mit!

- Kannst du einer Libelle mit dem Fernglas folgen?
- Siehst du, dass der Libellenkörper aus Segmenten besteht?
- Setz einen Wasserläufer vorsichtig in ein großes Einmachglas mit Wasser und schau ihn unter der Lupe an.

Libellen besitzen zwei Flügelpaare. Schau
dir die ausgebreiteten Flügel einmal
genau an: Hauchzart und durchsichtig
sehen sie aus, mit feinem Netzmuster.

**Die Oberflächen-
spannung des
Wassers reicht
aus, um den
Wasserläufer zu
tragen. Behaarte
Füßchen und weit
gespreizte Beine
helfen ihm dabei.**

Direkt auf dem Wasser tummelt sich
dagegen ein anderes Tier: der kleine
Wasserläufer. Dank feiner Härchen
an seinen Füßen und weit gespreizten
Beinen geht er nicht unter, sondern kann
tatsächlich auf dem Wasser laufen!

Tatsache! Die Große Pechlibelle

Weibchen

Larve

Name: — Große Pechlibelle

Körperlänge: — bis 28 mm, Flügelspannweite bis 40 mm

Nahrung: — Insekten, im Flug gefangen

Merkmale: — sechs Beine, sehr dünner Hinterleib, große Augen, zwei hauchdünne Flügelpaare mit Netzmuster

Besonderheit: — Das Männchen der Großen Pechlibelle ist am Hinterleibende und am Vorderkörper leuchtend blau gefärbt.

Die Große Pechlibelle kannst du mit etwas Glück sogar am Gartenteich beobachten, wo das Weibchen seine Eier unter Wasser an Pflanzenteilen ablegt.

Gesehen und notiert:

Beobachtungstipp!

In See und Teich leben auch viele kleine Tiere. Findest du Wasserflöhe, Rückenschwimmer oder Ruderwanzen?

Die Köcherfliege

Wasser ist ein Anziehungspunkt für viele Insekten, die hier ihre Eier ablegen. Eine ganz besondere Methode zur Fortpflanzung hat die Köcherfliege entwickelt. Die Fliege selbst bekommst du wahrscheinlich nur selten zu Gesicht, da sie vorwiegend in der Dämmerung oder nachts aktiv ist. Außerdem sieht sie sehr unauffällig aus.

Ganz anders dagegen ihr Nachwuchs: Nach ein bis drei Wochen schlüpfen aus den Eipaketen, die die Fliege im Wasser oder an Uferpflanzen abgelegt hat, die ersten Larven. Jede Larve beginnt sofort damit, sich einen Unterschlupf zu bauen, in dem sie sich weiterentwickeln kann. Aus Spinndrüsen

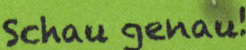

Schau genau!

- Betrachte unter der Lupe, wie der Köcher zusammengesetzt ist.
- Schau dir auch die Sandkörnchen und Steinchen an, die das Bachbett bilden. Oft ist es grober Quarzsand.

sondert sie eine Art Klebstoff ab, mit dem sie winzige Steinchen, Sandkörnchen, Splitter von Muschelschalen und Pflanzenstückchen zu einer Art Köcher zusammenfügt. Ist der Köcher groß genug, krabbelt sie hinein.

Nach etwa zehn Monaten verpuppt sie sich. Dann dauert es noch rund einen Monat, bis die Puppe an die Wasseroberfläche schwimmt und eine neue Köcherfliege aus der Puppe schlüpft.

Runde Kiesel aus dem Bach fühlen sich angenehm an und sehen interessant aus. Die ganz flachen kann man über das Wasser springen lassen – mit Kieselsteinen kann man viel Zeit verbringen.

Tatsache!

Die Köcherfliege

Larve

Name: — **Köcherfliege**

Körperlänge: — bis 15 mm, Flügelspannweite bis 40 mm

Nahrung: — je nach Art Pflanzennektar und Wasser; manche Arten nehmen gar keine Nahrung zu sich

Merkmale: — bräunlich bis grau gefärbt, lange Fühler, Körper und Flügel behaart

Besonderheit: — Die Larve klebt sich aus winzigen Materialien einen Köcher zusammen.

Wo ein Köcher ist, sind meist noch weitere zu finden. Es lohnt sich, ein bisschen genauer hinzusehen.

Gesehen und notiert:

Beobachtungstipp!

Nach Fliegenköchern hältst du am besten im Uferbereich von ruhig fließenden Bachläufen Ausschau.

Wer schwimmt da?

Manche Vögel sind nicht so sehr in der Luft, sondern auf dem Wasser zu Hause. Der Haubentaucher verdankt seinen Namen dem rotbraunen Federschopf auf seinem Kopf und der Tatsache, dass er tatsächlich sehr gut tauchen kann: Unter Wasser macht er Jagd auf kleine Fische und Krebse. Die Küken, die in schwimmenden Nestern zwischen Uferpflanzen zur Welt kommen, wagen sich sofort ins Wasser. Aber sie klettern auch gern auf den Rücken ihrer Eltern und lassen sich wie auf einem Schiffchen tragen.

Haubentaucher

Kannst du bei den Enten Weibchen und Männchen unterscheiden? Die Weibchen sind graubraun gesprenkelt, die Erpel, also die Männchen, haben einen grün schillernden Kopf und eine rotbraune Brust. Stockenten können nicht tauchen, sie gründeln: Bei der Nahrungssuche tauchen sie nur Kopf und Vorderkörper ins Wasser, der Schwanz zeigt in die Höhe.

Bei den Stockenten ist der Erpel viel bunter gefärbt als die Ente.

Das Teichhuhn sieht dem Blässhuhn sehr ähnlich. Blässhühner haben aber einen weißen Schnabel und Stirnfleck.

Häufig ist auch das schwarze Teichhuhn auf Teichen und Wasserläufen in der Stadt zu sehen. Typisches Erkennungsmerkmal ist der rote Fleck auf dem Schnabel.

Graugänse halten sich vor allem in Naturschutzzonen mit vielen Feuchtwiesen und Seen auf. Im Herbst ziehen sie in den Süden und kehren im Frühjahr zurück. Am Himmel fliegen sie in einer Formation, die aussieht wie die Zahl 1. Oft bemerkt man zuerst ihre trompetenden Rufe.

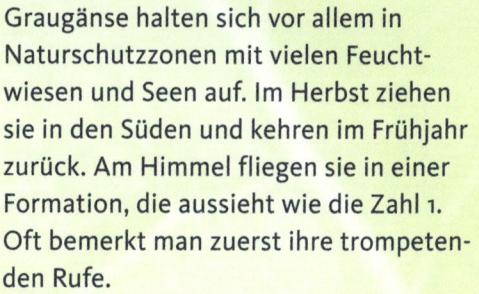

Graugänse tragen kein auffälliges Gefieder. Nur der orangerote Schnabel sticht hervor.

Gesehen und notiert:

Beobachtungstipp!

Schau dich nach alten Kopfweiden oder anderen Uferbäumen mit Baumhöhlen um. Möglicherweise brüten dort Stockenten. „Stock" ist ein altes Wort für Baum oder Holz, daher ihr Name.

Die Gemeine Stechmücke

Mit Mücken hast du bestimmt auch schon so deine Erfahrungen gemacht, die Stiche jucken ganz gemein. Aber Mücke ist nicht gleich Mücke: Die Männchen, die du unter der Lupe gut an ihren gefiederten Fühlern erkennen kannst, sind völlig harmlos. Sie ernähren sich ausschließlich von Pflanzensäften und Wasser.

Nur die Weibchen können mit ihrem langen Stechrüssel auch Blut saugen. Dass die Einstichstelle juckt, liegt an einem Eiweißstoff, den das Weibchen beim Stechen hineinspritzt. Er soll verhindern, dass das Blut gerinnt. Für Mückenweibchen ist Blut lebenswichtig. Sie brauchen die darin enthaltenen Nährstoffe, um Eier ausbilden zu können.

Aus den Eipaketen, die die Weibchen an der Wasseroberfläche ablegen, schlüpfen lang gestreckte Larven. Kopfüber hängen sie im Wasser und strudeln sich mit den Haarbüscheln an ihrem Kopf Nahrung herbei. Nach wenigen Tagen verpuppen sie sich. Wie schnell aus den Puppen dann Mücken werden, hängt von der Witterung ab. Bei warmem Wetter dauert es nur neun bis zehn Tage. Ist es kalt, schlüpfen die Mücken manchmal erst nach einem Monat.

Wichtig zu wissen!

Weltweit gibt es viele Mückenarten, die Blut saugen. Manche können dabei Krankheitserreger übertragen, zum Beispiel die tropische Anopheles-Mücke. Sie infiziert ihre Opfer mit Malaria. Unsere Stechmücken sind dagegen zwar lästig, aber harmlos.

In Regentonnen, alten Übertöpfen – überall, wo sich draußen Wasser sammmelt, kannst du Mückenlarven finden.

Tatsache!

Die Gemeine Stechmücke

Name: — **Gemeine Stechmücke**

Körperlänge: — 5 bis 8 mm

Nahrung: — Weibchen saugen Blut, Männchen Pflanzensaft und Wasser

Merkmale: — sehr langbeinig, Weibchen haben einen Stechrüssel

Besonderheit: — Mückenschwärme werden hauptsächlich von Männchen gebildet. Die Weibchen fliegen zur Paarung in den Schwarm hinein.

Mückenlarven hängen mit einem Atemrohr an der Wasseroberfläche. Stört man sie, dann tauchen sie mit zuckenden Bewegungen ab.

Gesehen und notiert:

Beobachtungstipp!

Stell im Sommer einen Eimer oder eine Schale mit Wasser nach draußen und warte ab, was passiert. Kontrollier regelmäßig, ob Mückenlarven zu sehen sind.

Meine spannendste Beobachtung:

....

....

....

....

Mein Fund-Protokoll:

Notier hier deine Entdeckungen. Wie viele Tiere und Pflanzen aus diesem Kapitel
hast du schon gefunden?

Was mir noch aufgefallen ist:

• Auch Kraniche fliegen in einer Formation, die

aussieht wie die Zahl 1. Ihre Rufe klingen anders als

die von Wildgänsen, es ist eher ein „Gruh-Gruh".

Unbedingt noch herausfinden!

• Welche Libellenarten sind außer der

Großen Pechlibelle bei uns heimisch?

• Was für Pflanzen wachsen in fließenden Gewässern?

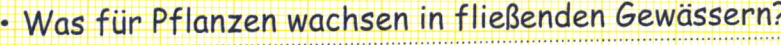

Tiere

Pflanzen

Mit zwei Symbolen (Lupe, Fernglas) von Torsten und Carsten Odenthal, Köln

Umschlaggestaltung von Init GmbH, Bielefeld unter Verwendung eines Fotos von mammamaart – istockphoto.com (Junge) und eines Fotos von lenta – istockphoto.com (Marienkäfer).

AlessandroZocc – istockphoto.com: S. 24 u.r.; JL Barranco – istockphoto.com: S. 2 u.r.; Marianne Golte-Bechtle: S. 4 u., 42 r., 43 r., 44 m., 47 m.r., 45 u. (Glockenblume), 51, 70 u., 76 m.l., 93 m.r. (Rotklee); Heiko Bellmann: S. 7 m., 9 u.r. (Zitterspinne), 12 o., 14 o., 58 u., 74 o.; Bart Coenders – istockphoto.com: S. 6 u.; Kristof Degreef – shutterstock.com: S. 26 o.; ElementalImaging – istockphoto.com: S. 36 u.l.; emer – Fotolia.com: S. 48 u.r.; Irina Fischer – Fotolia.com: S. 16 o.; Marianne de Graaf – dreamstime.com: S. 78; gegeonline – istockphoto.com: S. 84 o.; Peter M. Gregor: S. 8, 46; Esther von Hacht: S. 47 u.l., 49 u., 57 o.m., 63 r., 64 o., 71 o.r., 72 u.r., 73 o.r., 75 o.r., 77 o.l., 93 u.; hfuchs – shutterstock.com: S. 82 o.; kmitu – dreamstime.com: S. 10 m.; Daniela Knöferl – Fotolia.com: S. 34 u.; Wolfgang Lang: S. 82 u., 83 u.; Helga und Hans Laux: S. 60 o.; Jo Lomark – shutterstock.com: 2 u.l., S. 7 o., 30 u., 77 m.l., 90 u.; Dr. Rita Lüder: S. 33 u.l., 33 u.r., 42 l., 43 l., 57 u.r., 68 u. beide, 69, 76 u.; makuba – Fotolia.com: S. 38 u.l.; Cosmin Manci – shutterstock.com: S. 63 l.; Mcandy77 – dreamstime.com: S. 66 u.l.; Mille19 – dreamstime.com: S. 62 u.; morganl – istockphoto.com: S. 56; nabels – shutterstock.com: S. 80 u.; Naturablichter – dreamstime.com: S. 50 u.; Samo808 – Fotolia.com: S. 40 m.; Brad Sauter – shutterstock.com: S. 72 o.; Sauer / Hecker: S. 58 o.; Schlierner – Fotolia.com: Seitenhintergrund Blattstruktur; Mating Snails – shutterstock.com: S. 48 o., 54 u.; Juris Sturainis – shutterstock.com: S. 2 o., 4 u. (Lupe), 31 o., 45 m., 76 o., 91 m.r.; Sudzack – istockphoto.com: S. 40 u.r.; Steffen Walentowitz: S. 3 o., 3 m., 4 m., 5 o.r., 6 o., 7 u., 9 o.m., 9 m., 9 u.l., 9 u.r. (Gartenkresse), 10 o., 12 u., 13, 14 u., 15, 16 u.l., 16 u.r., 17, 18 beide, 19 o.r., 19 o.l., 19 m., 21 alle, 22 alle drei, 24 u.l., 25, 27, 28 alle drei, 29, 30 o.r., 31 m., 31 u., 33 o.r., 33 m., 38 o.r., 39, 40 o.r., 41, 44 o., 44 u., 47 m.l., 47 o., 47 u.r., 48 u.l., 49 o., 50 o.r. und o.l., 52 alle, 53 alle, 57 o.l., 57 u.l., 59, 60 u., 61, 62 o., 64 u., 65, 66 u.r., 70 o.l., 72 u.l., 73 o., 74 u.r., 75 o., 76 m.r., 77 m.r., 77 u., 78 o.r., 78 m., 79 u.l., 80 o., 83 o., 85, 86 alle, 87, 88 o., 90 beide, 91 o., 91 m.l., 91 u., 92 o.l., 92 o.r., 92 m., 92 u.r., 93 m.r. (Kleiner Fuchs), 93 u., 94 o., 94 u.; Terminator1 – istockphoto.com: S. 84 u.l.; Heidi Velten – kunterbunt.net: S. 5 u., 20, 32; Jürgen Willbarth: S. 2 m.r., 2 u.r., 3 u., 4 o., 5 o.l., 9 o.r., 11, 19 u., 23, 26 u., 33 o.l., 34 m., 34 o., 35, 36 u.r., 37, 45 o., 45 u. (Honigbiene), 54 o., 54 m., 55 alle, 57 o.r., 57 m., 67 beide, 70, o.r., 71 o.l., 74 u.l., 77 o.r., 79 u.r., 79 o.l., 81, 88 u., 89, 93 m.l.; Zauberhut – Fotolia.com: S. 68 o.

Haftungsausschluss:
Alle Angaben in diesem Buch erfolgen nach bestem Wissen und Gewissen. Sorgfalt bei der Umsetzung ist indes dennoch geboten. Der Verlag und der Autor übernehmen keinerlei Haftung für Personen-, Sach- oder Vermögensschäden, die aus der Anwendung der vorgestellten Materialien und Methoden entstehen können.

Unser gesamtes lieferbares Programm und viele weitere Informationen zu unseren Büchern, Spielen, Experimentierkästen, DVDs, Autoren und Aktivitäten finden Sie unter **kosmos.de**

MIX
Papier aus verantwortungsvollen Quellen
FSC
www.fsc.org
FSC® C020056

Gedruckt auf chlorfrei gebleichtem Papier

© 2012, Franckh-Kosmos Verlags-GmbH & Co. KG, Stuttgart
Alle Rechte vorbehalten
ISBN: 978-3-440-13026-1
Redaktion: Anna-Maria Bodmer
Lektorat: Dr. Heike Herrmann
Gestaltungskonzept: Britta Petermeyer
Satz: Walter Typografie & Grafik GmbH
Produktion: Verena Schmynec
Printed in China / Imprimé en Chine

Spannende Reisen in die Natur

Holger Haag
Mein erstes Welcher Baum ist das?
96 S., ca. 200 Abb, €/D 7,95
ISBN 978-3-440-13141-1

Kennst du die Bäume und Sträucher in deiner Umgebung? Dieser Naturführer zeigt dir die 66 wichtigsten einheimischen Bäume und Sträucher. Mit naturgetreuen Farbzeichnungen, Fotos und Einteilung der Bäume und Sträucher in Blattformen, fällt es leicht, den Baum oder Strauch wiederzuerkennen. Tipps zum Selbermachen und Ausprobieren sowie Infos über Bäume und Wald allgemein runden diesen spannenden Naturführer ab.

Ursula Stichmann-Marny
Mein erstes Was blüht denn da?
96 S., ca. 200 Abb, €/D 7,95
ISBN 978-3-440-13140-1

Kennst du dich aus in der Natur? Woran erkennst du den Roten Fingerhut? Weißt du, warum du ihn nicht anfassen darfst? Die 66 wichtigsten einheimischen Blütenpflanzen werden durch kurze, einprägsame Texte und viele Farbfotos und Illustrationen erklärt. Wie in jedem Band dieser Reihe gibt es zusätzliche Tipps, zum Beispiel zum Sammeln und Pressen, sowie zahlreiche Infos über das richtige Bestimmen.

Holger Haag
Mein erstes Was fliegt denn da?
96 S., ca. 200 Abb, €/D 7,95
ISBN 978-3-440-13139-8

Kennst du die Vögel in deiner Umgebung? Dieser Naturführer zeigt dir die 66 häufigsten einheimischen Vögel mit ihren wichtigen Merkmalen und Besonderheiten. Dadurch wird das Bestimmen ganz einfach. Auch in diesem Buch gibt es viele Anregungen zum Ausprobieren, Mitmachen und zahlreiche zusätzliche Infos.

kosmos.de

Wissen im Handumdrehen

Mein erstes Welcher Baum ist das?
Drehscheibe, €/D 4,95
ISBN 978-3-440-13144-2

Entdecke die faszinierende Welt der Bäume im Handumdrehen!
Du hast Blätter und Früchte eines Baumes gefunden und möchtest wissen, um welchen Baum es sich handelt? Drehe so lange an der Scheibe, bis du die entsprechenden Zeichnungen zu Blatt, Frucht und Borke gefunden hast. Mit einem praktischen Band kann man sich die Drehscheibe um den Hals hängen und mit auf die Wanderung nehmen.

Mein erstes Was blüht denn da?
Drehscheibe, €/D 4,95
ISBN 978-3-440-13142-8

Mit Hilfe dieser Drehscheibe kannst du die bunte Welt der Blumen entdecken. In den Sichtfenstern sind Zeichnungen zu Blüte, Blatt und Frucht sowie Blütezeiten dargestellt. Damit lassen sich Entdeckungen leicht bestimmen. Um Neues zu erfahren, findest du auf der Rückseite eine Abbildung der ganzen Pflanze, deren Name und deren Größe abgebildet. Um die Drehscheibe mit auf Naturentdeckungen nehmen zu können, ist ein praktisches Band daran befestigt.

Mein erstes Was fliegt denn da?
Drehscheibe, €/D 4,95
ISBN 978-3-440-13143-5

Kennst du die Vögel in deiner Umgebung? Mit Hilfe dieser Drehscheibe kannst du anhand der Merkmale Kopf, Flugsilhouette und Größenverhältnis die Vögel bestimmen.
Mit einem praktischen Band kann man sich die Drehscheibe um den Hals hängen und mit auf die Vogelbeobachtung nehmen.

kosmos.de